Dedicado a _____

Por _____

Con motivo de

_____

_____

_____

Fecha _____

Freddy DeAnda

Oraciones y Salmos para cada día

Freddy DeAnda

Oraciones y Salmos
para cada día

ORIGEN

Primera edición: febrero de 2024

Copyright © 2024, Freddy DeAnda
Copyright © 2024, Penguin Random House Grupo Editorial USA, LLC
8950 SW 74th Court, Suite 2010
Miami, FL 33156

Todas las citas bíblicas, a menos que se indique lo contario, son tomadas de la Reina
Valera Actualizada (RVA) 2015 Editorial Mundo Hispano. Todos los derechos reservados.

Publicado por ORIGEN, una marca registrada de
Penguin Random House Grupo Editorial USA, LLC.
Todos los derechos reservados.

Diseño de cubierta: Víctor Blanco
Diseño de interior: Arnaldo Morán

Impreso en Colombia / *Printed in Colombia*

ISBN: 978-1-64473-891-7

24 25 26 27 28 10 9 8 7 6 5 4 3 2 1

ÍNDICE

Preparación para la oración..............9

Para la mañana..............13

Para la noche..............35

Para todo tiempo..............47

Matrimonio y familia..............73

Relaciones personales..............95

Tiempos de ansiedad y estrés..............101

Sabiduría..............125

Protección..............133

Tiempos de preocupación y depresión..............149

Confianza en Dios y en sus planes..............159

Perdón y liberación..............171

Acción de gracias..............179

Ocasiones especiales..............189

Intercesión..............197

Oraciones breves..............215

PREPARACIÓN PARA LA ORACIÓN

SALMOS 23 (RVR1960)

Ora este poderoso salmo sobre tu vida:

Jehová es mi pastor; nada me faltará.
En lugares de delicados pastos me hará descansar;
Junto a aguas de reposo me pastoreará.
Confortará mi alma;
Me guiará por sendas de justicia por amor de su nombre.

Aunque ande en valle de sombra de muerte,
No temeré mal alguno, porque tú estarás conmigo;
Tu vara y tu cayado me infundirán aliento.
Aderezas mesa delante de mí en presencia de mis angustiadores;
Unges mi cabeza con aceite; mi copa está rebosando.
Ciertamente el bien y la misericordia me seguirán todos los días de mi vida,
Y en la casa de Jehová moraré por largos días.

¿Estás cargando demasiado?
Hay momentos en la vida en los que oramos y pensamos que no hemos recibido nada. Pero es bueno recordar que, además de pedir, una de las principales razones para orar es entregar a Dios algo que ya no deberíamos cargar: nuestra ansiedad, enojo, soledad, amargura… Estas son algunas de las cosas que Dios quiere que le entreguemos en oración. La oración no solamente es para recibir, sino que también es para entregar.

PARA
LA MAÑANA

UNA NUEVA OPORTUNIDAD

¡Buenos días, amado Padre! Hoy es un nuevo día, una nueva oportunidad y un nuevo comienzo. El ayer se fue y se llevó cualquier arrepentimiento, error o fracaso que haya experimentado. Ahora inicia este día para alegrarme y dar gracias. Gracias por esta nueva oportunidad para amarte y amar a otros, para dar y ser todo lo que quieres que yo sea. Amén.

Este es el día que hizo Jehová;
Nos gozaremos y alegraremos en él.

Salmos 118:24 (RVR1960).

Despertar bajo tu protección

¡Buenos días, mi amado Señor Jesús! Gracias porque me permites despertar bajo tu protección y disfrutar de tu presencia. Gracias por brindarme tu ayuda desde lo alto. Gracias por llenar mi corazón de tu paz, que sobrepasa todo entendimiento. Gracias por ser refugio y fortaleza en este momento, por brindarme tu ayuda y tu sustento. Maravilloso Jesús, en esta mañana, activo tu blindaje de protección alrededor de mi mente. Amén.

Pero alégrense todos los que en ti confían;
Den voces de júbilo para siempre, porque tú los defiendes;
En ti se regocijen los que aman tu nombre.

Salmos 5:11 (RVR1960).

Para empezar el día

Dios, gracias por siempre levantarme. Gracias por sanar cada parte rota dentro de mí. Gracias por nunca soltarme. Dame hoy tus bendiciones. Amén.

Hazme oír por la mañana tu misericordia,
Porque en ti he confiado;
Hazme saber el camino por donde ande,
Porque hacia ti he elevado mi alma.

Salmos 143:8 (RVR1960).

TÚ PROVEERÁS

Amado Dios, te pido que limpies mi mente del enojo y de la preocupación. Confío en que me proveerás para satisfacer mis necesidades. Te pido que llenes mi corazón de tu paz y de tu amor. Te lo pedimos en el nombre de Jesús. Amén.

Jehová es mi pastor; nada me faltará.

Salmos 23:1 (RVR 1960).

ALABANZA MATUTINA

Mi Dios, lo has hecho otra vez. Has sido bueno. Tú has sido bondadoso. Tú has sido quien ha cuidado de mí. Tú has sido mi protector, mi guardián. Tú has sido quien me ha sostenido cuando no he tenido fuerzas para levantarme.

Tú eres quien me sigue cuidando aun cuando no lo merezco. Tú eres y siempre serás el rey de mi vida. Alabado sea tu nombre, Señor y Salvador, Jesucristo. Amén.

Pero yo cantaré de tu poder,
Y alabaré de mañana tu misericordia;
Porque has sido mi amparo
Y refugio en el día de mi angustia.

Salmos 59:16 (RVR 1960).

QUE TODO SEA DE ACUERDO CON TU VOLUNTAD

¡Buenos días, mi amado y adorado Jesús! Te doy gracias por un día más de vida, por ver el sol y la luz del día. Mil gracias, Jesús, por tu bondad y misericordia. Gracias por darme tu perdón todos los días, por borrar de mi alma mis culpas y errores. Confío en ti, mi adorado y hermoso Jesús.

Te pido que me acompañes en este día, en mi trabajo, en las actividades que tengo programadas, en mis proyectos. Te pido que todo sea de acuerdo con tu voluntad, que todo coincida con lo que tienes planeado para mi vida. Amén.

Enséñame a hacer tu voluntad, porque tú eres mi Dios;
Tu buen espíritu me guíe a tierra de rectitud.

Salmos 143:10 (RVR1960).

GRACIAS POR OTRO HERMOSO DÍA

Amado Padre, gracias por otro hermoso día de vida. Gracias por tus continuas bendiciones y por tu abundante gracia.

Padre, ayúdame a creer más, ayúdame a confiar en tu plan para mi vida. Ayúdame a no preocuparme por lo que sucederá o dejará de suceder, porque sé que mi futuro está en tus manos. En el nombre bendito de Jesús, amén y amén.

En Dios está mi salvación y mi gloria;
En Dios está mi roca fuerte y mi refugio.

Salmos 62:7 (RVR 1960).

EN TI CONFÍO, REY DE MI VIDA

¡Buenos días, mi amado y adorado Jesús! Gracias porque, en este nuevo día, palpita mi corazón de alegría al ver el sol y la luz de la mañana. Gracias por tu infinito amor y misericordia. En ti confío, rey de mi vida y rey de mi corazón. Amén y amén.

En ti, oh Jehová, he confiado; no sea yo confundido jamás;
Líbrame en tu justicia.

Salmos 31:1 (RVR1960).

ORACIÓN DE LA MAÑANA

Amado Padre, gracias por el maravilloso regalo de la vida y por la dicha de empezar un nuevo día con un corazón lleno de fe, alegría y optimismo. Te pido que ilumines mi camino y el camino de todas las personas que amo. Guíanos por senderos de amor y bienestar. Tengo la certeza de que hoy iniciamos un día maravilloso, lleno de oportunidades. Por eso me levanto con valentía y gratitud, pues todo será posible mientras tenga la dicha de un corazón que late y de la gracia divina de tu presencia en mi vida.

A ti, que gobiernas y reinas, a ti, mi Alfa y Omega, te entrego mi día. Sé que empezar el día contigo me garantiza terminarlo con bendiciones. Te entrego mis planes y anhelos en el nombre de mi Señor y Salvador, Jesucristo. Amén.

Hazme oír por la mañana tu misericordia,
Porque en ti he confiado;
Hazme saber el camino por donde ande,
Porque hacia ti he elevado mi alma.

Salmos 143:8 (RVR1960).

BENDICIÓN DIARIA UNIVERSAL

Dios, gracias por otro día de vida. Bendice a mis amigos, y a mis enemigos también, porque ellos te necesitan. Te ruego, Padre, por aquellos que sufren. Envía paz al mundo entero. Gracias, mi Dios, por la vida, la familia, la salud, el trabajo, el alimento en mi mesa y por la bendición de cada día. Mi vida es tuya. Sigue guiándome y bendiciéndome. Amén.

Dios tenga misericordia de nosotros y nos bendiga;
Haga resplandecer su rostro sobre nosotros; Selah
Para que se conozcan en la tierra tu camino,
En todas las naciones tu salvación.

Salmos 67:1-2 (RVR1960).

TRES ORACIONES PODEROSAS PARA TU SEMANA

Repite toda esta semana:

Padre, no me des en esta semana lo que anhelo: dame lo que sabes que necesito.

Señor, líbrame del sufrimiento. Pero, si no me libras, te pido que tu gracia sea mayor toda esta semana, y que yo pueda sentir tu presencia.

Amado Dios, destruye todo plan del diablo en contra de mí o de mi familia, y rodéanos con ángeles poderosos para que caminemos en tu santa voluntad.

Amén.

Deléitate asimismo en Jehová,
Y él te concederá las peticiones de tu corazón.

Salmos 37:4 (RVR1960).

Bendecida semana

Padre, ayúdame a ver claramente tu plan para mi vida durante esta semana. Ayúdame a no enfocarme en lo que está detrás de mí, sino en las bendiciones que tengo delante de mí. Hoy y toda esta semana toma mi mano y guíame. Ayúdame a caminar bajo tus propósitos. Someto mi mente, mi corazón y mi voluntad a ti.
En el nombre poderoso Jesús, amén.

Porque Jehová conoce el camino de los justos;
Mas la senda de los malos perecerá.

Salmos 1:6 (RVR1960).

PARA EMPEZAR LA SEMANA

Amado Dios, gracias por el maravilloso regalo de la vida y por la dicha de empezar una nueva semana en tu presencia. Te pido que ilumines cada paso de mi camino, en esta semana que comienza. Entrego ahora mi semana, mis planes y mis anhelos a tus santas manos.

En el nombre precioso de nuestro Señor y Salvador Jesucristo, amén y amén.

Lámpara es a mis pies tu palabra,
Y lumbrera a mi camino.

Salmos 119:105 (RVR1960).

Un nuevo lunes

Amado Dios, este lunes me acerco a ti con agradecimiento. Hoy, especialmente, mi corazón se siente lleno de bondad y fortaleza. Estoy muy feliz por tu amor, tu paz, tu presencia y tus bendiciones. Te amo y siento que nunca quiero fallarte. Amén.

Este es el día que hizo Jehová;
Nos gozaremos y alegraremos en él.

Salmos 118:24 (RVR 1960).

Un nuevo martes

Amado Dios, la mañana se anuncia y el día florece. Infinitas gracias por este nuevo martes que me obsequias. Te pido que todos los seres seamos felices y recordemos que tener un día maravilloso depende de nuestra fe y buena actitud. Amén.

De mañana sácianos de tu misericordia,
Y cantaremos y nos alegraremos todos nuestros días.

Salmos 90:14 (RVR1960).

Un nuevo miércoles

Amado Dios, en medio de la hermosa paz de este día que
nace, me acerco a ti para pedirte que, por favor, me des
fortaleza, sabiduría y, ante todo, fe. Te suplico que mi fe
sea inquebrantable y que, incluso en la más fuerte de las
tormentas, no permitas que me olvide de que es tu gracia
la que me sostiene. Amén.

Dios es nuestro amparo y fortaleza,
Nuestro pronto auxilio en las tribulaciones.

Salmos 46:1 (RVR1960).

UN NUEVO JUEVES

Amado Dios, empiezo esta oración dándote gracias por la dicha de un bello despertar y por regalarme un día más de vida. Hoy te ofrezco mi alma, mi corazón y todo mi ser. Por favor, tómame en tus brazos y enséñame a ser una persona conforme a tu corazón. Amén.

Examíname, oh, Dios, y conoce mi corazón;
Pruébame y conoce mis pensamientos;
Y ve si hay en mí camino de perversidad,
Y guíame en el camino eterno.

Salmos 139:23-24 (RVR1960).

UN NUEVO VIERNES

Amado Dios, en este viernes te entrego todo lo que soy y todo lo que tengo. Por favor, guía mis pasos y permite que en mi vida brille la alegría, la esperanza, la paz y tu hermosa bendición. Gracias por este nuevo viernes. Dejo mi día en tus manos. En el nombre de Jesús, amén.

Me mostrarás la senda de la vida;
En tu presencia hay plenitud de gozo;
Delicias a tu diestra para siempre.

Salmos 16:11 (RVR1960).

Un nuevo sábado

Amado Dios, hoy despierto con mucha alegría para darte gracias por este nuevo día. Es gracias a ti que tenemos vida y salud, que nunca faltan los alimentos en mi hogar y que hoy puedo despertar para sembrar con amor las semillas que me darán frutos el día de mañana. Amén.

El SEÑOR es mi fuerza y mi canción;
¡él es mi salvación!

Salmos 118:14 (NVI).

Un nuevo domingo

Padre eterno, te pido que cuides mis pensamientos, mis palabras, mis acciones y también mis omisiones. Toma el mando de mi vida y enséñame con tu luz divina el buen camino que me llevará al maravilloso destino que has planeado para mí. En el nombre de Jesús, amén.

Guíame por la senda de tus mandamientos,
Porque en ella tengo mi voluntad.

Salmos 119:35 (RVR 1960).

Para
la noche

ME PRESENTO ANTE TI

Padre amado, me presento ante ti con mucha alegría y esperanza para darte las gracias porque me has permitido vivir otro día sin temor, confiando en ti. ¡Qué hermoso ha sido despertar y caminar todo el día y sentir tu presencia en mi vida, bendiciéndome, sosteniéndome, sustentándome, avivándome y dándome la fuerza para seguir adelante! Padre bueno, eres mi mejor amigo, y en ti deposito mi confianza. Amén.

Jehová es mi luz y mi salvación; ¿de quién temeré?
Jehová es la fortaleza de mi vida; ¿de quién he de atemorizarme?

Salmos 27:1 (RVR1960).

EL HERMOSO DÍA
QUE ME DISTE HOY

Amado Padre, gracias por el hermoso día que me diste. Gracias, porque sentí tu amor y protección todo el día. Tú me cuidaste en cada momento. Tú me dices: "No temas".

Te pido perdón porque he caminado bajo el temor y la oscuridad durante demasiado tiempo, pero hoy quiero caminar en la fe, quiero caminar en la confianza, quiero caminar en tus brazos. Rompe mis cadenas y deposita todo lo bueno en mí, mientras duermo esta noche. Amén.

En paz me acostaré, y asimismo dormiré;
Porque solo tú, Jehová, me haces vivir confiado.

Salmos 4:8 (RVR1960).

ORACIÓN DE INTERCESIÓN
ANTES DE DORMIR

Padre, gracias por la persona que está del otro lado de estas páginas. Estamos bendecidos por entrar en tu presencia. Padre, te pido que el Espíritu Santo tome el control de las acciones y de los pensamientos de esta persona, en este momento, y te pido que ore en perfecta paz antes de dormir.

Gracias por la salud que le brindaste hoy. Te pido que esta noche vigiles el sueño de esta persona. Llénale de paz, de calma. Te pido que bendigas su sueño. Permite que en la mañana se levante bendecida, llena de fortaleza, que pueda recoger su cruz, pero que comprenda que no está sola, porque vas a su lado. Te pido que llenes su mente con sueños que vienen de ti, de tus propósitos. Llénala de tu paz. En el nombre de Jesús, amén.

Alma mía, en Dios solamente reposa,
Porque de él es mi esperanza.

Salmos 62:5 (RVR1960).

ANTES DE DORMIR

Padre, venimos en el nombre de Jesús, antes de acostarnos, y lo primero que queremos hacer es decirte gracias. Gracias por tu protección, gracias por tu provisión, gracias por la salud que nos brindas. Gracias por ser el Dios que sale delante de nosotros, gracias por haber provisto para nuestras necesidades de hoy.

Te pedimos que en esta noche nos ayudes a descansar en tus brazos, nos des un sueño y un descanso reparador. Cuida de nuestro hogar, cuida de nuestros padres, cuida de nuestros hijos, cuida de nuestro matrimonio. Gracias por tu paciencia, por tu bondad y por la gracia que derramas todos los días sobre nosotros. Te amamos porque tú nos amaste primero. En el nombre de Jesús, amén.

Yo me acosté y dormí,
Y desperté, porque Jehová me sustentaba.

Salmos 3:5 (RVR 1960).

GRACIAS POR SER
MI GUÍA Y MI PROTECTOR

Hoy vengo a darte las gracias por ser mi guía y mi protector.
Antes de acostarme, te alabo y te pido paz para mi mente,
y sanidad para mi corazón. Que tu mano protectora cuide
a mi familia. Amén.

Protégeme, oh Dios, porque en ti busco refugio.

Salmos 16:1 (NVI).

AHORA QUE ME ACUESTO

Gracias, mi Dios, por otro día de vida. Fuiste tú quien me encaminó todo el día, pero ahora que me acuesto escucho una frase en mi alma: "Deja ir". Ayúdame a soltar cualquier cosa que esté cargando y que no quieras que yo cargue mañana.

Te pido tu protección mientras duermo esta noche. Te pido tu divina sabiduría. Deposita todo lo bueno en mí mientras duermo esta noche. Dame un descanso reparador en tu presencia. Amén.

Sé para mí una roca de refugio, adonde recurra yo continuamente.
Tú has dado mandamiento para salvarme,
Porque tú eres mi roca y mi fortaleza.

Salmos 71:3 (RVR1960).

Contigo siempre

Poderoso Padre, una vez más me encuentro contigo y estoy muy agradecido de llegar a este momento. Deseaba tenerlo para darte las gracias por permitirme estar contigo una noche más. Padre, te pido que, mientras duermo, soluciones todos los problemas que pueda tener y los que enfrentaré mañana. Líbrame de las preocupaciones, la desesperación y la intranquilidad.

Padre, gracias por el día que me permitiste disfrutar, por el aire que respiro, por la paz que me das, por estar siempre a mi lado. Tú eres mi guía y mi escudo protector. En el nombre de Jesús, amén.

Mas tú, Jehová, eres escudo alrededor de mí;
Mi gloria, y el que levanta mi cabeza.

Salmos 3:3 (RVR1960).

Tranquilo descanso

Maravilloso y buen Jesús, esta noche quiero dejar los dolores del día para que los transformes en paz. Deseo que cierres mis ojos esta noche para que sea tu mano la que me permita llegar rápidamente al sueño, y que las preocupaciones no sean un impedimento para dormir tranquilo en tus brazos.

Gracias, Señor Jesús, por cuidarme de todo mal. Ahora que el día terminó, y busco dormir para descansar, no puedo dejar de agradecerte. Tal vez no merezca todas las cosas que me das a cada momento, tal vez no he sido el mejor de tus hijos, pero aun así eres misericordioso conmigo. Me demuestras que tienes mucho amor para mí, y sé que aún hay mucho más amor para darme, porque tu misericordia y amor son infinitos. Amén.

Jehová es tu guardador;
Jehová es tu sombra a tu mano derecha.

Salmos 121:5 (RVR1960).

Tu paz y fortaleza

Esta noche oro para que tu manto de protección esté sobre mi vida. Guárdame, como hasta ahora, de todo accidente, enfermedad o influencia del maligno. Confío en que eres mi roca, mi fortaleza, mi refugio, y siempre estarás en medio de las pruebas para darme valor y fuerza.

Padre, te busco cada noche para sentir tu protección rodeando mi vida y mi familia. Padre, tú siempre estás atento a mi clamor para socorrerme y darme contentamiento, en medio de las pruebas que me permiten ver tu mano sosteniéndome. Señor, que siempre te vea a mi lado, reafirmando mi fe.

Te pido que me permitas vivir cada día en tu paz. Dame la fortaleza y el entendimiento para resistir la ansiedad, la ira, el enojo y la intranquilidad, la envidia, la amargura, la depresión, la soledad, el temor, la intolerancia y la culpa. Te pido que me permitas aprender a disfrutar de todo lo que me das cada día, a tener un corazón agradecido que mira tus maravillas.

En el nombre de nuestro Señor Jesucristo, amén.

Bendito sea el Señor, nuestro Dios y Salvador, que día tras día sobrelleva nuestras cargas. Selah.

Salmos 68:19 (NVI).

LLÉNAME DE TU AMOR
PARA DESCANSAR

Padre amado, llegó la noche y el sueño nos está venciendo a todos, pero no quiero dormir sin elevar mi corazón a tu santa presencia para llenarme de tu amor y descansar de todas mis fatigas. Quiero entregarte todas las cargas que han quedado en mí a lo largo de mi día. Hoy, especialmente, te entrego todas las actividades que realicé, todos los lugares por donde pasé, los lugares donde entré, todas las personas con quienes platiqué y los diálogos que sostuve. Te las entrego para que las bendigas. Incluso, bendice a esas personas que vi distraídamente.

Bendice especialmente a quienes están enfermos y a quienes no tienen nadie que ore por ellos. A quienes más problemas tienen. Sella con tu amor la mente y el corazón de los que más sufren, especialmente los niños, para que la maldad del mundo no los dañe para siempre. Amén.

Solo en Dios halla descanso mi alma; de él viene mi salvación.

Salmos 62:1 (NVI).

PARA TODO TIEMPO

SALMOS 139 (RVR1960)

Una hermosa reflexión sobre la omnisciencia de Dios y su íntimo conocimiento de cada uno de sus hijos:

Oh Jehová, tú me has examinado y conocido.
Tú has conocido mi sentarme y mi levantarme;
Has entendido desde lejos mis pensamientos.
Has escudriñado mi andar y mi reposo,
Y todos mis caminos te son conocidos.
Pues aún no está la palabra en mi lengua,
Y he aquí, oh Jehová, tú la sabes toda.
Detrás y delante me rodeaste,
Y sobre mí pusiste tu mano.
Tal conocimiento es demasiado maravilloso para mí;
Alto es, no lo puedo comprender.

¿A dónde me iré de tu Espíritu?
¿Y a dónde huiré de tu presencia?
Si subiere a los cielos, allí estás tú;
Y si en el Seol hiciere mi estrado, he aquí, allí tú estás.
Si tomare las alas del alba
Y habitare en el extremo del mar,
1Aun allí me guiará tu mano,
Y me asirá tu diestra.
Si dijere: Ciertamente las tinieblas me encubrirán;
Aun la noche resplandecerá alrededor de mí.
Aun las tinieblas no encubren de ti,

Y la noche resplandece como el día;
Lo mismo te son las tinieblas que la luz.

Porque tú formaste mis entrañas;
Tú me hiciste en el vientre de mi madre.
Te alabaré; porque formidables, maravillosas son tus obras;
Estoy maravillado,
Y mi alma lo sabe muy bien.
No fue encubierto de ti mi cuerpo,
Bien que en oculto fui formado,
Y entretejido en lo más profundo de la tierra.
Mi embrión vieron tus ojos,
Y en tu libro estaban escritas todas aquellas cosas
Que fueron luego formadas,
Sin faltar una de ellas.
¡Cuán preciosos me son, oh Dios, tus pensamientos!
¡Cuán grande es la suma de ellos!
Si los enumero, se multiplican más que la arena;
Despierto, y aún estoy contigo.

De cierto, oh Dios, harás morir al impío;
Apartaos, pues, de mí, hombres sanguinarios.
Porque blasfemias dicen ellos contra ti;
Tus enemigos toman en vano tu nombre.
¿No odio, oh Jehová, a los que te aborrecen,
Y me enardezco contra tus enemigos?
Los aborrezco por completo;
Los tengo por enemigos.

Examíname, oh Dios, y conoce mi corazón;
Pruébame y conoce mis pensamientos;
Y ve si hay en mí camino de perversidad,
Y guíame en el camino eterno.

Oración de alabanza:
¡Gloria a ti, Señor!

Señor Jesús, hoy glorificamos tu nombre. Abrimos nuestro corazón para que nos llenes de tu paz y fortaleza. Hoy te pedimos que nos guíes. Hoy declaramos que eres nuestro mejor amigo. Tú eres quien nunca nos abandona. Mi anhelo es que hoy reciba algo fresco del cielo.

En el nombre poderoso de Jesús, todos decimos, levantando nuestras manos: amén y amén.

Te alabaré, oh Jehová, con todo mi corazón;
Contaré todas tus maravillas.

Salmos 9:1 (RVR 1960).

Renueva mi fe

Mi Dios, tú eres grande y todopoderoso, y la grandeza del universo es tan solo un reflejo de tu amor incondicional. Hoy vengo ante ti anhelando que seas mi fortaleza. Admito que soy débil y en momentos he quitado la mirada de ti. He cometido el gran error de poner la mirada sobre mis circunstancias y problemas de esta vida. Padre, te confieso que enfocarme en otras cosas ha debilitado mi fe. Sé que en este mundo habrá tribulación, por eso, hoy vengo a ti enfocando mi mirada y mi oración en tu presencia, rogándote que, por favor, aumentes mi fe.

En el nombre de nuestro Señor Jesucristo, amén y amén.

Enséñame, oh Jehová, tu camino; caminaré yo en tu verdad;
Afirma mi corazón para que tema tu nombre.

Salmos 86:11 (RVR1960).

Siempre viéndote

Padre, no importa cuál sea la lucha, te pido que mi mirada siempre esté plenamente en ti. Te pido que cada vez que un problema venga a mi vida, pueda detener lo que esté haciendo y levantar una oración a tu trono de gracia. Te pido que me ayudes a madurar, a dar gracias por las pruebas y dificultades. Sé que son una oportunidad para entrar en tu presencia y aumentar mi fe. Sé que me ayudan a crecer y a tener confianza en que tú me ayudarás a superar lo que venga, y a encontrar caminos de triunfo y de bienestar. Gracias por ser mi guía, mi ilusión y mi mejor amigo.

En el nombre de nuestro Señor Jesucristo, amén y amén.

Mi Dios, en ti confío;
no permitas que sea yo humillado, no dejes que mis enemigos se
burlen de mí.

Salmos 25:2 (NVI).

INTIMIDAD CON DIOS

Nadie me conoce como tú, Señor. Tú me has conocido desde el vientre de mi madre. Tómame de la mano el día de hoy. Guíame de acuerdo con tu santa voluntad. Te amo, confío en ti y sé que, con mi vida en tus manos, lo mejor está por venir. Amén.

Tú creaste las delicadas partes internas de mi cuerpo y me entretejiste en el vientre de mi madre.
¡Gracias por hacerme tan maravillosamente complejo! Tu fino trabajo es maravilloso, lo sé muy bien.

Salmos 139:13-14 (NTV).

GUÍAME SEGÚN TU VOLUNTAD

Gracias, Dios, por todo lo que me brindas el día de hoy. Tú, mejor que nadie, conoces mi vida, mi corazón, mis luchas y mis amigos. Por favor, tómame de la mano en este nuevo día y guíame según tu voluntad. Sé que me darás lo mejor para mi vida. Amén.

Enséñame a hacer tu voluntad, porque tú eres mi Dios;
Tu buen espíritu me guíe a tierra de rectitud.

Salmos 143:10 (RVR 1960).

TRES ORACIONES PARA RECIBIR LAS PROMESAS DE DIOS

Padre, hoy te pido que seas una lámpara a mis pies, iluminando el camino divino que tienes para mí.

Señor, someto mi mente, mi corazón y mis emociones a tus santas manos para ser guiado por ti.

Dios, te ruego que ordenes todo lo que está desordenado en mi vida, en mi hogar, en mi matrimonio y en la vida de mis hijos. Te pido que ordenes mi mente, ordenes mi corazón y me llenes del Espíritu Santo para hacer tu santa voluntad.

Ordena mis pasos con tu palabra,
Y ninguna iniquidad se enseñoree de mí.

Salmos 119:133 (RVR1960).

ORDENA MIS PASOS

Padre, vengo ante ti pidiendo que seas una lámpara a mis pies, que abras camino donde no hay. Tu palabra dice que ordenas los pasos del justo. Hoy, Padre, ordena mis pasos. Pongo en tus manos toda decisión. Me someto a tus planes, me someto a tu voluntad. Te pido que el día de hoy me ayudes a escuchar al Espíritu Santo para evitar todo lo que sea contrario a sus deseos y consejos. Gracias por la provisión del día de hoy. Guíanos por sendas de justicia. Amén.

Enséñame, oh Jehová, tu camino; caminaré yo en tu verdad;
Afirma mi corazón para que tema tu nombre.

Salmos 86:11 (RVR1960).

TU LUZ ACLARA TODA OSCURIDAD

Amado Padre, sé que para ti no hay imposibles. Por eso, te pido que me tomes de la mano, que me guíes por el camino correcto, que seas el hermoso rayo de luz que aclare toda duda y toda oscuridad en mi vida. En el nombre de Jesús, amén.

Porque tú, Señor, eres bueno y perdonador,
Y grande en misericordia para con todos los que te invocan.

Salmos 86:5 (RVR 1960).

ABRE CAMINO

Hoy prometo no vivir en el pasado. Hoy someto mi mente para que tú, Señor, la llenes de bien y de esperanza. Te pido que abras camino donde no hay, y me des tu fuerza para no tambalear. Amén.

Siempre tengo presente al SEÑOR;
con él a mi derecha, nada me hará caer.

Salmos 16:8 (NVI).

TRES ORACIONES CON PODER
PARA TU COTIDIANIDAD

Señor, lléname de esperanza donde la he perdido. Hoy he decidido quitar la mirada de mi situación, porque me ha desanimado, pero alzaré mi vista hacia los cielos. ¿De dónde vendrá mi socorro? Vendrá de Jehová, y él renovará mi esperanza para un nuevo camino.

Padre, dame salida donde yo me he atorado. Ábreme una puerta milagrosa el día de hoy para, una vez más, creer en tu grandeza.

Dios, pon tu favor inmerecido sobre mi vida para que pueda gozar de las bendiciones que vienen de la mano de Dios. Amén.

En ti, oh Jehová, me he refugiado;
No sea yo avergonzado jamás.
Socórreme y líbrame en tu justicia;
Inclina tu oído y sálvame.
Sé para mí una roca de refugio, adonde recurra yo continuamente.
Tú has dado mandamiento para salvarme,
Porque tú eres mi roca y mi fortaleza.

Salmos 71:1-3 (RVR1960).

FIDELIDAD A DIOS

Mi amado Padre, tú me conoces como nadie me conoce, y aun así, me amas como nadie me ama. Tú conoces mis debilidades, mis fortalezas, y sigues siendo mi Padre amoroso. Ayúdame hoy, Padre, a ser fiel y a seguir tus planes. Ayúdame a vivir bajo tu voluntad, bajo tu poder, y tenerte siempre en el primer lugar, porque esa es la vida más bendecida. Amén.

Tendré cuidado de llevar una vida intachable; ¿cuándo vendrás a ayudarme? Viviré con integridad en mi propio hogar.

Salmos 101:2 (NTV).

TRES ORACIONES
(LIBERACIÓN, SABIDURÍA Y ENTREGA)

Dios, arranca, saca de mi vida cualquier cosa que me pueda hacer daño a mí y a cualquier persona que amo.

Dame la sabiduría para aceptar las cosas que no puedo cambiar, pero dame la fortaleza para seguir adelante.

Reconozco que eres el Buen Pastor. Renuncio a mis caminos que me han causado dolor, y acepto tomar tu mano para que me encamines en verdad, en provisión y en bendición. Amén.

Dame entendimiento para seguir tu Ley y la cumpliré de todo corazón.

Salmos 119:34 (NVI).

Seis oraciones diarias para invocar a Jesús lo largo de la jornada

Cuando te levantes, dile: "Jesús, gracias por el día de hoy".
Cuando salgas de tu casa, dile: "Jesús, acompáñame todo el día".
Cuando estés llorando, dile: "Jesús, limpia mis lágrimas y abrázame".
Cuando cometas un error, dile: "Jesús, perdóname".
En cualquier tarea del día, dile: "Jesús, ayúdame".
Cuando te acuestes, dile: "Jesús, gracias por cuidarme todo el día".
Amén.

Jehová guardará tu salida y tu entrada
Desde ahora y para siempre.

Salmos 121:8 (RVR1960).

ORACIÓN PARA UNA VIDA FRUCTÍFERA

Amado Dios, por favor, haz mis días fructíferos; mis noches, llenas de descanso; mi hogar, lleno de paz; y mis esfuerzos, fructíferos. Amén.

El justo florecerá como la palmera;
Crecerá como cedro en el Líbano.
Plantados en la casa de Jehová,
En los atrios de nuestro Dios florecerán.
Aun en la vejez fructificarán;
Estarán vigorosos y verdes,
Para anunciar que Jehová, mi fortaleza, es recto,
Y que en él no hay injusticia.

Salmos 92:12-15 (RVR1960).

GUÍANOS

Dios, te doy gracias por escuchar mi oración, y gracias porque sé que seguirás obrando maravillosamente. Te pido que, en este nuevo día, tu gracia, tu favor, tu misericordia, cubran mi vida y la vida de mi familia. Por favor, cuídanos, guíanos, colma nuestras sendas con tus hermosas bendiciones, y permítenos vivir en paz, regocijo, abundancia y bienestar. Amén.

Líbrame de la violencia de los hombres,
Y guardaré tus mandamientos.
Haz que tu rostro resplandezca sobre tu siervo,
Y enséñame tus estatutos.

Salmos 119:134-135 (RVR1960).

SIN TI, NADA PUEDO

Amado Dios, gracias por este día que me has regalado. Gracias por siempre estar a mi lado. Gracias por tu amor y por todo lo que haces por mí. Yo reconozco que, sin ti, nada puedo hacer. Necesito de ti todos los días de mi vida. Necesito esa paz que solo tú puedes dar.

Sé que muchas veces me aparto y pongo mi atención en otras cosas, que a veces me lleno de tantas dudas que no sé qué hacer. Necesito de ti, y hoy vengo ante ti echando fuera toda ansiedad, toda preocupación y toda esa carga que llevo encima. Te lo entrego todo, mi Dios, y te pido que cuides de mí cada día.

Te lo pido en el nombre de Jesús. Amén.

Mas ciertamente me escuchó Dios;
Atendió a la voz de mi súplica. Bendito sea Dios,
Que no echó de sí mi oración, ni de mí su misericordia.

Salmos 66:19-20 (RVR1960).

VEN, ESPÍRITU SANTO

Padre, llénanos de tu Espíritu Santo, de tu amor, de tu paciencia, de tu gozo. Ayúdanos a amar a otros como tú nos has amado a nosotros. Ayúdanos a ser pacientes, bondadosos, a no enojarnos ni ofendernos fácilmente. Te pido que brindemos la misma gracia que tú nos has brindado. Danos la sabiduría para saber cuándo hablar y cuándo no hablar con gente difícil.

Por favor, protege mi vida, mi hogar, mi matrimonio. Aleja al enemigo y a toda acechanza de Satanás. Amén.

Envía tu luz y tu verdad; estas me guiarán;
Me conducirán a tu santo monte,
Y a tus moradas.

Salmos 43:3 (RVR1960).

Ayúdanos a crecer en la fe

Si Dios es con nosotros, ¿quién contra nosotros? Tu mirada está siempre sobre nosotros y tu amor nos cuida siempre. Enséñanos a ser discípulos fieles y a confiar plenamente en ti. Ayúdanos a crecer en la fe, hasta que tu voluntad y la nuestra sean una. En el nombre de Jesús, amén.

El que habita al abrigo del Altísimo
Morará bajo la sombra del Omnipotente.
Diré yo a Jehová: Esperanza mía, y castillo mío;
Mi Dios, en quien confiaré.

Salmos 91:1-2 (RVR 1960).

PARA TOMAR BUENAS DECISIONES

Amado Dios, gracias por todas las bendiciones que me brindas sin cesar. Tú eres mi amigo, mi proveedor y, aunque no tengo grandes lujos ni riquezas, siempre me has dado todo, incluso más de lo que necesito.

En esta oración, también quiero hacer una petición que nace desde lo más profundo de mi corazón: tú conoces mi vida, mis anhelos, mis angustias y necesidades. Te pido que me colmes con la inteligencia y la fuerza necesarias para tomar buenas decisiones y alcanzar los milagros que tanto necesito. Amén.

El SEÑOR dice:
Yo te instruiré, yo te mostraré el camino que debes seguir; yo te daré consejos y velaré por ti.

Salmos 32:8 (NVI).

Oración para recibir dirección

Padre, concédeme valor y fuerza para el día de hoy. Cuando tenga la tentación de rendirme, ayúdame a seguir adelante. Concédeme un espíritu de alegría cuando las cosas no salgan como quiero, y dame el coraje para hacer lo que sea necesario. En el nombre de Jesús, amén.

Por la mañana hazme saber tu gran amor,
porque en ti he puesto mi confianza.
Señálame el camino que debo seguir, porque a ti elevo mi alma.

Salmos 143:8 (NVI).

ORACIÓN PARA PEDIR LA GUÍA
DEL ESPÍRITU SANTO

Padre, ruego que tu Espíritu Santo se mueva más efectivamente en mí, el día de hoy. Sé que cualquier pecado puede entristecer y disminuir la voz de tu Espíritu, y oro contra la tentación de pecar. Ayúdame para que el anhelo de tu presencia sea más fuerte que mi debilidad ante el pecado. Ayúdame a crecer en el fruto del Espíritu y caminar más cerca de ti. Ruego por la guía de tu Espíritu. Que tu voluntad y tus promesas sean mi motivación y la alegría de mi corazón.
Amén.

Enséñame a hacer tu voluntad, porque tú eres mi Dios.
Que tu buen Espíritu me guíe por un terreno firme.

Salmos 143:10 (NVI).

Tres oraciones para buscar mejores oportunidades

Señor, que tus ojos me guíen y me cuiden a través de todo este día.

Padre, no permitas que me desvíe para tomar un camino de acuerdo con mi voluntad. Guíame tiernamente en tu camino de amor y de justicia.

Hoy te declaro señor y rey de mi vida, y declaro que no hay asunto ni dificultad que no puedas vencer por mí. Amén.

Encomienda al SEÑOR tu camino; confía en él y él actuará.

Salmos 37:5 (NVI).

MATRIMONIO Y FAMILIA

PODEROSA ORACIÓN PARA PROTEGER EL HOGAR

Hoy quiero que pongas tu mano sobre la puerta de tu casa y hagas esta poderosa oración:

"Mi Señor Jesús, te ruego que pongas tu protección sobre mi hogar. Pido que seas el guardián, que seas quien nos vigila y nos cuida. Rodea, por favor, mi hogar, mi matrimonio y la vida de mis hijos con tus ángeles del cielo. Te pido que, en este momento, deshagas todo plan que el diablo y sus demonios tengan en contra de nosotros. Pon un escudo del cielo sobre nosotros. Protege nuestra mente y corazón. Que ningún mal venga sobre nosotros. Protégenos en tu perfecta paz. En el nombre de Jesús, amén".

El ángel del SEÑOR acampa en torno a los que le temen;
a su lado está para librarlos.

Salmos 34:7 (NVI).

SANIDAD EN NUESTRO HOGAR

Dios, hoy te invitamos a caminar en nuestro hogar. Llénanos de bendición para que podamos compartirla y bendecir a otros. Mientras caminas por nuestro hogar, sana, por favor, a los enfermos en casa y alrededor del mundo. Amén.

Ten misericordia de mí, oh Jehová, porque estoy enfermo;
Sáname, oh Jehová, porque mis huesos se estremecen.
Mi alma también está muy turbada;
Y tú, Jehová, ¿hasta cuándo?

Salmos 6:2-3 (RVR1960).

RESTAURACIÓN FAMILIAR

Padre bueno, nos dijiste en tu palabra: "Venid a mí todos los que estáis trabajados y cargados y yo os haré descansar". Hoy declaramos nuestra debilidad y urgencia de fortaleza. Declaramos que estamos en bancarrota y que tenemos necesidad, necesidad de ti, necesidad de tu presencia, necesidad de que tu mano nos sostenga, necesidad de un milagro, necesidad de que cambies los corazones que endurecidos en nuestra familia, necesidad de que restaures nuestra relación... Nuestra necesidad más grande es que entres a nuestro hogar, a nuestra situación, y nos ayudes.

Nuestra confianza está en ti. Nosotros no podemos restaurar, pero tú sí puedes. Amén.

Crea en mí, oh, Dios, un corazón limpio y renueva un espíritu firme dentro de mí.

Salmos 51:10 (NVI).

Oración poderosa por la conversión de la pareja

Padre, aunque amo mucho a mi pareja, yo sé que, siendo su Padre, la amas más. Ayúdala a conocerte, a enamorarse más de ti y a buscar tu presencia, ante todo.

    Amén.

Devuélveme la alegría de tu salvación;
que un espíritu obediente me sostenga.

Salmos 51:12 (NVI).

ORACIÓN POR EL MATRIMONIO Y POR LA PAREJA

Gracias, Dios, por la persona especial que has puesto en mi vida. Ayúdame a siempre asumir lo mejor en ella, a amarla de la manera en que tú quieres que la ame. Ayuda a que los dos perdonemos pronto. Haznos lentos para la ira y ayúdanos a entender la profundidad del amor del uno por el otro.

Ayúdanos a tener ojos solamente el uno para el otro. Protege nuestro matrimonio de cualquier cosa que lo ponga en peligro. Te pido que mi pareja crezca en su relación hacia ti, y te ponga en primer lugar todos los días. Te pido por su salud mental, emocional y física. Protégelo y mantén tu mano sobre él.

Amén.

El justo florecerá como la palmera;
Crecerá como cedro en el Líbano.
Plantados en la casa de Jehová,
En los atrios de nuestro Dios florecerán.
Aun en la vejez fructificarán;
Estarán vigorosos y verdes,
Para anunciar que Jehová, mi fortaleza, es recto,
Y que en él no hay injusticia.

Salmos 92:12-15 (RVR1960).

Protección para tu matrimonio

Dios, por favor, protege mi matrimonio. Te pido que la fidelidad siempre nos rodee, que la confianza nos envuelva y que tu amor nos una. Amén.

No te sobrevendrá mal,
Ni plaga tocará tu morada.
Pues a sus ángeles mandará acerca de ti,
Que te guarden en todos tus caminos.

Salmos 91:10-11 (RVR1960).

ORACIÓN ESPECIAL
PARA EL MATRIMONIO

Te ruego, Padre, que constantemente obres en mi matrimonio y restaures nuestro corazón. Danos tu mismo sentir y visión del amor. Ayúdanos a poner nuestra mirada y nuestra fe en ti. Te necesitamos más que nunca. Amén.

La misericordia y la verdad se encontraron;
La justicia y la paz se besaron.

Salmos 85:10 (RVR1960).

ORACIÓN POR EL MATRIMONIO

Dios, esta relación, este matrimonio, es tuyo. Protégenos de herirnos mutuamente. Que las palabras que salgan de nuestros labios vengan de tu presencia y del cielo. Que nuestras palabras sanen el alma de ambos, que las acciones de los dos nos ayuden y edifiquen, que no lastimemos el corazón de nuestro cónyuge, sino que lo cuidemos. Llena nuestro hogar de tu paz, de tu entendimiento y de tu gracia para ver tu amor entre nosotros, todos los días.

Amén.

Sean gratos los dichos de mi boca y la meditación de mi corazón
delante de ti,
Oh, Jehová, roca mía y redentor mío.

Salmos 19:14 (RVR1960).

ORACIÓN DIARIA
POR EL MATRIMONIO

Amado Dios, muchas gracias por escuchar mi oración y por todas las cosas maravillosas que has hecho en mi vida y en mi matrimonio.

Te pido que, en este nuevo día, nos des la luz para avanzar y la determinación para tomar las mejores decisiones en pareja, aquellas que lleven por buen camino nuestra relación. En el nombre de Jesús, amén.

La boca del justo habla sabiduría,
Y su lengua habla justicia.
La ley de su Dios está en su corazón;
Por tanto, sus pies no resbalarán.

Salmos 37:30-31 (RVR1960).

ORACIÓN PARA SER
BUENOS PADRES

Padre todopoderoso, gracias por los hermosos hijos que me has dado. Son de lo más importante en mi vida y hago todo lo posible para protegerlos. Me esfuerzo día a día, pero estoy consciente de que mis fuerzas no son suficientes. Por esto te pido, Padre, que me des tus fuerzas para salir adelante con mi familia.

Nuestro trabajo como padres nunca es fácil. Dios, enséñanos a ser padres ejemplares, tal como nuestros hijos necesitan. Amén.

Como el padre se compadece de los hijos,
Se compadece Jehová de los que le temen.
Porque él conoce nuestra condición;
Se acuerda de que somos polvo.

Salmos 103:13-14 (RVR1960).

ORACIÓN PARA PROTEGER
A LOS HIJOS DE LOS PELIGROS

Padre, vivimos en una época de muchos peligros. Lo primero que pedimos es que guardes en tus santas manos a nuestros hijos, especialmente que los protejas de los peligros que nosotros no podemos ver. Guárdalos del maligno que busca destruirlos.

Guárdalos de toda relación que pueda dañarlos. Bríndales la oportunidad de relacionarse con personas que los ayuden a alcanzar el potencial que has depositado en ellos. Danos sabiduría que podamos compartirles, danos sabiduría para guiarlos por el buen camino.

Pues a sus ángeles mandará acerca de ti,
Que te guarden en todos tus caminos.
En las manos te llevarán,
Para que tu pie no tropiece en piedra.

Salmos 91:11-12 (RVR1960).

ORACIÓN POR LOS HIJOS:
"PADRE, LLEGA DONDE YO NO PUEDO LLEGAR"

Señor, hoy te confesamos que hay días en los que nos sentimos incapaces. Sentimos como si nuestras manos estuvieran atadas frente a nuestros hijos. Por eso, venimos ante tu presencia, ante tu trono de gracia, para que derrames esa gracia sobrenatural sobre la vida de nuestros hijos.

Tu mano está libre para hacer tu voluntad en el corazón de mis hijos. Donde no puedo llegar yo, llega con tu presencia. Por favor, protege su vida, dales sabiduría y guíalos por el camino correcto. Te los entregamos para que tu tierna mano los conduzca y proteja de hoy en adelante.

Amén.

Enséñame a hacer tu voluntad, porque tú eres mi Dios;
Tu buen espíritu me guíe a tierra de rectitud.

Salmos 143:10 (RVR1960).w

TU PRESENCIA CON ELLOS

Padre, te pido que mis hijos no vivan en temor, y que siempre recuerden que tu presencia va con ellos. Mientras pongo a mis hijos en tus manos poderosas y amorosas, dame tu paz, pues sé que estarás a su lado. Reemplaza sus miedos con la fuerza y el coraje que necesitan para enfrentar lo que les depare el día de hoy y el futuro. Dales a mis hijos la certeza de que realmente Jesucristo, ahorita, camina a su lado. Amén.

Aunque ande en valle de sombra de muerte,
No temeré mal alguno, porque tú estarás conmigo;
Tu vara y tu cayado me infundirán aliento.

Salmos 23:4 (RVR1960).

GUÁRDALOS DEL MAL

Amado Padre, por favor, protege la vida de mis hijos. Trae gozo a su alma, paz a su mente y amor a su corazón. Llena su cuerpo de fortaleza. En el nombre de Jesús, amén.

Jehová te guardará de todo mal;
Él guardará tu alma.
Jehová guardará tu salida y tu entrada
Desde ahora y para siempre.

Salmos 121:8 (RVR1960).

Un regalo del cielo

Padre amado, gracias porque mis hijos son un regalo del cielo. Mis hijos caminarán en luz y no oscuridad. Mis hijos estarán bajo la protección del Altísimo. Mis hijos alcanzarán la bendición de su Padre celestial diariamente. Amén.

Bendecirá a los que temen a Jehová,
A pequeños y a grandes.

Salmos 115:13 (RVR1960).

ORACIÓN POR LA VIDA DE LOS HIJOS

Padre, oramos por la vida de nuestros hijos. Pedimos que tu voz, Señor, sea la más impactante en la vida de ellos. Oramos para que siempre se alejen del pecado y de todo el mal que el enemigo les quiera hacer. Oramos para que tengan éxito en todo lo que hagan, en su futuro matrimonio, en sus relaciones y proyectos. Intercedemos para que te pongan a ti primero en todo. En el nombre de Jesús, amén.

He aquí, herencia de Jehová son los hijos;
Cosa de estima el fruto del vientre.

Salmos 127:3 (RVR1960).

ORACIÓN POR LOS HIJOS
EN TIEMPOS DE DIFICULTAD

Padre, en el nombre de Jesús, te confesamos que, como padres, hay días cuando sentimos que no podemos más. Pedimos tu ayuda, pedimos tu gracia, pedimos que nos llenes de todo lo que nos falta. Protege la mente de nuestros hijos, protege su corazón, protege su salida y su entrada en todo lugar. Aleja de ellos todo pensamiento que no venga de ti. Rodéalos de las amistades que los acercarán a tu presencia, y aléjalos de quienes buscan apartarlos de ti, buscando encaminarlos hacia el pecado. Señor, te los entregamos en este día. Trabaja en su corazón y ámalos como solamente tú los puedes amar. Amén.

Porque tú nos probaste, oh Dios;
Nos ensayaste como se afina la plata.

Salmos 66:10 (RVR1960).

Un corazón agradecido

Padre celestial, te pido que a mí y a mi familia nos des la gracia de un corazón agradecido para amar a nuestros padres sin límite. Ayúdanos a tener paciencia para entender sus pedidos y afanes. Que nuestras manos sean su sostén y también su abrigo.

Ayuda a nuestros padres a que nunca sientan soledad en su alma, y si por algún motivo no pudiésemos estar físicamente con ellos, haz que la llama de nuestro amor sea tan intensa y tan honesta que la puedan sentir, aun a la distancia.

Señor, te suplico que cobijes a mis padres con tu manto de amor y bondad. Hazlos sentir dichosos, enérgicos y llenos de ti. Cólmanos de vida, amor y bondad para retribuirles desde lo más profundo de nuestra alma todos esos momentos maravillosos que han dejado grabados en nuestro ser como huella imborrable que permanecerá para siempre. Amén.

Bendice, alma mía, a Jehová,
Y no olvides ninguno de sus beneficios.

Salmos 103:2 (RVR1960).

ORACIÓN POR LOS PADRES

Amado Dios, hoy me presento ante ti con un corazón que desborda gratitud por mis maravillosos padres, pues en ellos siempre encontré abrazos llenos de bondad, palabras serenas de experiencia y sabiduría. Fue con ellos que aprendí el significado del amor puro y desinteresado.

Señor, elevo esta oración para pedirte que cuides de mis padres, pues ellos siempre necesitan de ti. Te pido que seas como agua fresca de renuevo para su vida. Por favor, restablece su cuerpo, que estén colmados de salud, y permíteles vivir largos años entre nosotros. Dales fortaleza de espíritu. Rodéalos con tu gracia y bendición para que puedan seguir compartiendo nuestra familia por muchos años.

Sin importar su edad, por favor, bríndales momentos de dicha y felicidad. Sana las heridas que los años hayan podido causar en su espíritu y su corazón. Amado Dios, escucha siempre sus oraciones. Amén.

Oh Dios, me enseñaste desde mi juventud,
Y hasta ahora he manifestado tus maravillas.

Salmos 71:17 (RVR1960).

ORACIÓN POR LA MADRE

Hoy, Padre, quiero traer a mi madre a tu presencia. Te pido que la bendigas, que la cuides y protejas. Te pido que la sanes desde la punta de su pie hasta la coronilla de su cabeza.

Te pido que sanes el corazón de mi madre de cualquier herida o daño que alguien le haya causado. Te pido que todo lo que mi madre toque se convierta en bendición para su vida y la vida de otros.

Te pido que hoy la abraces, la cuides y le recuerdes que ella es una de las personas que más amo y más especiales en mi vida. Gracias por ella, mi Padre. Amén.

Te alabaré, porque formidables, maravillosas son tus obras;
Estoy maravillado y mi alma lo sabe muy bien.

Salmos 139:14 (RVR1960).

RELACIONES PERSONALES

SALMOS 25:15-16 (RVR1960)

Mis ojos están siempre hacia Jehová,
Porque él sacará mis pies de la red.
Mírame, y ten misericordia de mí,
Porque estoy solo y afligido.

LAS PERSONAS QUE NECESITO

Padre, pon en mi vida a las personas que tanto necesito para salir adelante y alcanzar esa meta que has puesto en mi corazón. Amén.

Envía tu luz y tu verdad; estas me guiarán;
Me conducirán a tu santo monte,
Y a tus moradas.

Salmos 43:3 (RVR 1960).

RELACIONES DIVINAS

Señor, pon en mi vida solo las relaciones divinas que tienes para mí. Rodéame de personas que me empujen hacia tu santa voluntad y tu presencia. Ayúdame a dejar rápido lo que no es para mí.

Ayúdame a mejorar en todas mis relaciones familiares, de trabajo y de amistad. Ayúdame a amar incondicionalmente a las personas y también a recibir tu gran amor. Ayúdame a compartir todas las bendiciones que me das, y a soñar en grande para cumplir tu voluntad.

Ayúdame a escuchar tu voz diariamente, a depender de ti a cada paso y vencer todo temor que me ha detenido. Amén.

Rescátame, y líbrame de la mano de los hombres extraños,
Cuya boca habla vanidad,
Y cuya diestra es diestra de mentira.

Salmos 144:11 (RVR1960).

TRES ORACIONES PARA PROTEGERTE
DE RELACIONES TÓXICAS

Padre, remueve de mi vida toda relación falsa, a toda persona que quiera tomar ventaja de mí.

Señor, revela el verdadero carácter de las personas que quieren tomar ventaja de mí.

Dios, dame discernimiento para rodearme de personas que me encaminen al bien y a tu perfecta voluntad.

Amén.

Protégeme, oh Dios, porque en ti busco refugio.

Salmos 16:1 (NVI).

TIEMPOS DE ANSIEDAD Y ESTRÉS

SALMOS 121 (RVR1960)

Un salmo que reconforta al recordarnos que Dios tiene cuidado de quienes perseveran viviendo en su presencia:

Alzaré mis ojos a los montes;
¿De dónde vendrá mi socorro?
Mi socorro viene de Jehová,
Que hizo los cielos y la tierra.

No dará tu pie al resbaladero,
Ni se dormirá el que te guarda.
He aquí, no se adormecerá ni dormirá
El que guarda a Israel.

Jehová es tu guardador;
Jehová es tu sombra a tu mano derecha.
El sol no te fatigará de día,
Ni la luna de noche.

Jehová te guardará de todo mal;
Él guardará tu alma.
Jehová guardará tu salida y tu entrada
Desde ahora y para siempre.

Corrígeme, guíame y dame fortaleza

Amado Dios, si estoy mal, corrígeme. Si estoy perdido, guíame. Si estoy a punto de rendirme, dame la fortaleza para continuar. Amén.

Muéstrame, oh Jehová, tus caminos;
Enséñame tus sendas.

Salmos 25:4 (RVR1960).

EN TIEMPOS DE ANSIEDAD

Cuando tengo temor, tú me levantas y me ayudas a ser fuerte. Cuando no confío, tú me das fuerzas para seguir adelante. No siento temor porque sé que tú estás conmigo a donde quiera que yo vaya. Gracias, Dios. Amén.

Cuando yo decía: Mi pie resbala,
Tu misericordia, oh Jehová, me sustentaba.

Salmos 94:18 (RVR1960).

ESTOY DEVASTADO

Dios, admito que siento miedo porque todos mis planes están fallando. Situaciones inesperadas han llegado a mi vida. Estoy devastado. Mi vida no tiene sentido. No sé en qué dirección correr. Por eso, vengo a ti. Te necesito más que nunca. Renuncio a mis planes. Enséñame tus planes para mi vida. Te seguiré a donde tú me guíes. Amén.

El SEÑOR está cerca de los quebrantados de corazón, y salva a los de espíritu abatido.

Salmos 34:18 (NVI).

ORACIÓN EN LA AFLICCIÓN

Amado Dios, aquí estoy de rodillas otra vez, humillado, angustiado. Sé que debo orar, sé que debo decirte algo, pero no sé qué. También sé que me puedes ver, que puedes entender mi corazón y mi mente. Tú ves todo lo que está pasando, aunque yo no tenga palabras para expresarlo. Tú sabes con lo que estoy batallando. Has visto mi dolor, mis lágrimas, mi quebrantamiento, mi sufrimiento, mi soledad. Tú lo sabes todo. Ni sé por qué estoy aquí, pero la verdad, sé que eres el único que me puede ayudar. Te entrego mi vida. Te pido que me saques de este pozo de aflicción. ¡Sálvame, Dios mío! En el nombre de Jesús, amén.

Sálvame, oh Dios,
Porque las aguas han entrado hasta el alma.
Estoy hundido en cieno profundo, donde no puedo hacer pie;
He venido a abismos de aguas, y la corriente me ha anegado.

Salmos 69:1-2 (RVR1960).

ORACIÓN EN LA DECEPCIÓN

Amado Dios, hoy vengo ante ti con el corazón en la mano, herido, decepcionado, pero pidiéndote la ayuda que tanto necesito. Dame dirección el día de hoy. Guía mis pasos. Ábreme camino donde no hay camino. Por favor, endereza todo lo que para mí está torcido. Te pido que hoy me muestres tu amor de una manera palpable. Te amo. Todo esto te lo pido en el nombre de Jesús. Amén.

Pero yo confío en ti, oh SEÑOR; digo: «¡Tú eres mi Dios!».

Salmos 31:14 (NTV).

CALMA EN LA TORMENTA
(ORACIÓN DE 15 SEGUNDOS)

Dios, sé la calma en medio de mi tormenta, sé la luz en medio de mi oscuridad y sé el amor que tanto necesito cuando este mundo me desprecia. Amén.

Jehová será refugio del pobre,
Refugio para el tiempo de angustia.

Salmos 9:9 (RVR1960).

TRES BREVES ORACIONES
PARA TRANSFORMAR NUESTRA VIDA

Señor, te pido que me ayudes a dejar ir por completo el enojo, la amargura y el resentimiento. Ayúdame a tener fe en que tú serás juez justo.

Padre, te pido que cambies mi lamento y mis lágrimas por gozo y felicidad.

Amado Señor, te pido que los mejores días de mi vida estén por delante. Te prometo que mis ojos siempre estarán puestos en ti, Jehová, Dios de los ejércitos.

Amén.

Has cambiado mi lamento en baile;
Desataste mi cilicio, y me ceñiste de alegría.

Salmos 30:11 (RVR1960).

TRES BREVES ORACIONES
PARA RESTAURAR NUESTRA VIDA

Dios, restaura en mi vida todo lo que mi pecado y el diablo me robaron.

Señor, abre nuevos caminos donde yo no he podido hacerlo.

Padre, dame la fortaleza y la fuerza que viene del cielo para seguir adelante en este camino donde me has puesto.

Amén.

Enséñame, oh Jehová, tu camino; caminaré yo en tu verdad;
Afirma mi corazón para que tema tu nombre.

Salmos 86:11 (RVR1960).

TÚ ERES MI ESPERANZA

Dios, te confieso que me siento perdido. No tengo dirección. Ya no puedo soportar el dolor. Mis planes no han resultado como yo pensaba. Las situaciones inesperadas me han dolido demasiado… No tengo la sabiduría para salir adelante, pero sé que tú eres mi esperanza. No sé lo que vendrá mañana, pero sé que tú me estarás esperando. Te entrego mi vida. Te necesito en este momento. Enséñame tu poder. Enséñame tu amor. Amén.

Clamaré a Dios Altísimo,
Al Dios que me favorece.

Salmos 57:2 (RVR1960).

ESTOY AGOTADO

Mi Padre, te confieso que estoy cansado y no sé cuándo terminará esta carrera en mi vida. Siento que he estado corriendo por siempre, tratando de escapar de esta prueba. Ayúdame, ya no quiero desgastarme intentando huir de mi dolor, fortaléceme para correr con perseverancia la carrera que has puesto por delante. Gracias a ti, finalmente, seré un vencedor de las pruebas de mi vida. Por favor, dame hoy una medida generosa de tu amor. Dame la fuerza para soportar esta prueba. Gracias por tu cuidado que nunca termina. Amén.

Pero yo cantaré de tu poder,
Y alabaré de mañana tu misericordia;
Porque has sido mi amparo
Y refugio en el día de mi angustia.

Salmos 59:16 (RVR 1960).

ORACIÓN PARA SUPERAR LOS PROBLEMAS

Amado Padre, hoy me presento ante ti para decir "Gracias", porque me has dado vida. Tengo voluntad y fe. Sin importar las circunstancias, tengo el valor y las ganas para seguir adelante. También tengo la dicha de saber que siempre ha sido tu mano la que me ha sostenido, la que me sostiene y me sostendrá mañana.

Postrado ante tus pies, derramo mi corazón lleno de esperanza. Padre, tómame de la mano y ayúdame a superar estos problemas que en mis fuerzas no he podido superar. Tú eres el Dios que abre camino donde no hay. Te confieso que yo no he podido hacerlo. Por esto me arrodillo ante tu presencia, para admitir mi debilidad y depositar mi fe y mi confianza en ti.

Ante esta difícil situación que pone a prueba mi carácter y valentía, sé que pronto se asomará una enorme bendición. Muchas veces no comprendo, pero confío mi vida en tus manos.

Encomienda a Jehová tu camino,
Y confía en él; y él hará.

Salmos 37:5 (RVR1960).

Dejar atrás el pasado

Dios y Señor mío, hoy me presento ante ti porque siento que necesito dejar atrás las cadenas que me atan al pasado. Padre mío, deseo disfrutar del presente y avanzar hacia el futuro, caminando a tu lado por sendas de dicha, bendición y prosperidad. Ya es parte de mi pasado todo aquello que alguna vez dolió, las decepciones que he sufrido, lo que un día me hirió, Dios mío, las lágrimas que derramé, y todas esas cosas que quiero olvidar. Todo ha quedado atrás y te lo entrego a ti, mi Señor.

Padre mío, también te pido perdón si algún día te he decepcionado. Lo acepto: he cometido errores, Dios mío. Intento solucionarnos, y no voy a permitir que se repitan. Amado Dios, es en ti donde están mis esperanzas y mis más grandes anhelos. Hoy te entrego mi vida para que todo se haga bajo tu voluntad y en tu tiempo perfecto.

En el precioso nombre de nuestro Señor y Salvador Jesucristo, amén y amén.

Bendeciré a Jehová que me aconseja;
Aun en las noches me enseña mi conciencia.
A Jehová he puesto siempre delante de mí;
Porque está a mi diestra, no seré conmovido.

Salmos 16:7-8 (RVR1960).

EN LA ANGUSTIA

Mi buen Jesús, en este momento de angustia, necesito platicar contigo. Quiero, desde el fondo de mi corazón, expresarte todo lo que ahora estoy viviendo, los problemas que han venido a mi vida y todo aquello que tanto me aflige. Pero antes, necesito decir gracias, gracias por otro día de vida y por la energía para luchar por el bienestar de mi familia y las personas que amo.

También entiendo que cada prueba que viene a mi vida tiene un propósito, mi buen Jesús. Pero la verdad, ¡es que, en medio de esta prueba, necesito de tu sabiduría… Necesito de tu guía, porque me siento perdido, siento que las fuerzas se han ido de mis manos. Siento que haces tanta falta en mi vida. No encuentro fin a los problemas que agobian mi mente.

Lo que te pido hoy, Señor, es que me abras una nueva puerta de oportunidad, una nueva puerta de sabiduría, una nueva puerta de alivio. Sé que tú eres la salida que estoy buscando. Perdóname, mi Dios, si en algo te estoy ofendiendo, si en algo te estoy fallando. Lo que sé, mi Dios, es que solo no puedo continuar. Necesito que tú seas el auxilio de mi vida. Ven y rescátame. Ven y sáname. Ven y cárgame en tus santos brazos.

Oye, oh Jehová, y ten misericordia de mí;
Jehová, sé tú mi ayudador.

Salmos 30:10 (RVR1960).

TE ENTREGO MI PREOCUPACIÓN

Amado Dios, te pido que limpies mi mente de todo enojo y preocupación. Sé que la preocupación no es tu deseo para mí. Confío en que suplirás mis necesidades como tu palabra lo promete. Te entrego todas mis preocupaciones, temores y necesidades. Te pido que llenes mi corazón de tu paz y de tu amor el día de hoy. En el nombre de Jesús, amén.

En la multitud de mis pensamientos dentro de mí
Tus consolaciones alegraban mi alma.

Salmos 94:19 (RVR1960).

AYÚDAME A SUPERAR LA ANGUSTIA Y TRISTEZA

Amado Padre, con el corazón en la mano te pido que me des las fuerzas para superar esta angustia y esta tristeza, pues a tu lado sé que todo pasará. No es que tenga dudas, pero la preocupación me agobia en ciertos momentos. Hoy me dirijo a ti confiando en que tu divina misericordia dará sabiduría y claridad a mi mente para que logre superar estas angustias que me asedian. En el nombre de Jesús, amén.

A ti, oh Jehová, clamaré,
Y al Señor suplicaré.

Salmos 30:8 (RVR1960).

SUELTO TODO LO QUE NO ENTIENDO

Amado Dios, gracias por amarme lo suficiente como para trabajar en mi vida. Hoy suelto todo lo que no entiendo y lo pongo en tus manos. Sé que estás trabajando en milagros detrás de escena, y sé que tienes el mejor futuro para mí. Te escojo a ti y confío en ti. Te amo porque tú me amaste primero. Amén.

Me asaltaron en el día de mi quebranto,
mas Jehová fue mi apoyo.
Me sacó a lugar espacioso;
Me libró, porque se agradó de mí.

Salmos 18:18-19 (RVR1960).

El camino es largo y la batalla es intensa

Señor Jesús, te pido que nunca me abandones. El camino es largo y la batalla es intensa, así que mis fuerzas se agotan. Los enemigos acechan, pero a tu lado sé que soy más que vencedor y llegaré muy lejos. Amén.

Esforzaos todos vosotros los que esperáis en Jehová,
Y tome aliento vuestro corazón.

Salmos 31:24 (RVR1960).

POR FAVOR, ESCUCHA NUESTRAS SÚPLICAS

Amado Dios, por favor, mira nuestra vida, nuestros anhelos y necesidades. Te pido que nos des tu fuerza y sabiduría. Ayúdanos a salir adelante. Por favor, escucha nuestras súplicas y danos salud. Ayúdanos a solucionar nuestras dificultades económicas, a ordenar nuestros pensamientos. Ayúdanos a establecer prioridades y a tomar decisiones guiadas por el amor.

Por favor, toma nuestra mano y muéstranos el camino por el cual debemos avanzar. Te pido que nos acompañes en nuestras actividades y nos ayudes a dar lo mejor de nosotros. Por favor, bendice nuestros trabajos, proyectos y anhelos. Amén.

Yo te he invocado, por cuanto tú me oyes, oh Dios;
Inclina a mí tu oído, escucha mi palabra.

Salmos 17:6 (RVR1960).

TU GUÍA EN LA DIFICULTAD

Mi Señor y mi Dios, no tengo idea de a dónde voy. No veo el camino delante de mí. No puedo saber con certeza dónde terminaré, pero en medio de esta sombra de muerte no temeré, porque no pondré los ojos en mi situación, sino en ti y en tu poder libertador. No temeré porque siempre estás conmigo y nunca dejarás que enfrente el peligro en soledad. Amén.

Mas tú, Jehová, ten misericordia de mí, y hazme levantar,
Y les daré el pago.

Salmos 41:10 (RVR1960).

VENGO A TI DESTRUIDO

Padre, vengo a ti en bancarrota, vacío, necesitado. Ahora que estoy vacío, llena mi vida con tu presencia, tu poder y tu sabiduría. Sácame de donde me encuentro, renueva mis fuerzas, y te prometo que te serviré por el resto de mi vida. Amén.

> *Muchas son las aflicciones del justo,*
> *Pero de todas ellas le librará Jehová.*

Salmos 34:19 (RVR 1960).

MIRA MI AFLICCIÓN

Dios, gracias por otro día de vida. Gracias por otro día de tu protección. Padre, te pido que mires la aflicción de mi dolido corazón y lo sanes. Habita en él, llénalo, y obras milagros en mi situación.

Amén.

Respóndeme, Jehová, porque benigna es tu misericordia;
Mírame conforme a la multitud de tus piedades.

Salmos 69:16 (RVR1960).

SABIDURÍA

SALMOS 40:1-3 (RVR1960)

Si has orado, y sientes que Dios no te ha contestado y estás en espera, ora este poderoso salmo:

Pacientemente esperé a Jehová,
Y se inclinó a mí, y oyó mi clamor.
Y me hizo sacar del pozo de la desesperación, del lodo cenagoso;
Puso mis pies sobre peña, y enderezó mis pasos.
Puso luego en mi boca cántico nuevo, alabanza a nuestro Dios.
Verán esto muchos, y temerán,
Y confiarán en Jehová.

A su tiempo perfecto, Dios te va a sacar de ese lodo, de esta situación en la que te sientes sin salida. Medita en este salmo y en esta promesa.

Llénanos con tu santa sabiduría

Padre, hoy llegamos delante de ti con un corazón agradecido. Danos tu santa sabiduría para enfrentar y superar todos los obstáculos que vendrán hoy a nuestra vida. Rodea nuestra mente de tu paz. Llena nuestro corazón de amor y ábrenos puertas de entendimiento. Amén.

El principio de la sabiduría es el temor de Jehová;
Buen entendimiento tienen todos los que practican sus
mandamientos;
Su loor permanece para siempre.

Salmos 111:10 (RVR1960).

QUE TU ESPÍRITU SANTO ME GUÍE

Padre, te pido que el día de hoy tu Espíritu Santo me guíe y me llene de sabiduría; que me ilumine el camino correcto hacia una vida de bendición. Amén.

Sustenta mis pasos en tus caminos,
Para que mis pies no resbalen.

Salmos 17:5 (RVR1960).

DAME SABIDURÍA

Padre eterno, dame sabiduría y confianza para aceptar que mi destino es el resultado de las acciones que haga aquí y ahora. Que, si siembro con amor mis semillas, y encomiendo mi vida y mis anhelos a tus manos, pronto habré de reunir una hermosa y abundante cosecha. Te pido que me des buen juicio para cuidar mi mente y tener pensamientos que edifiquen. Dame de tu amor para compartir con los demás y, por favor, ayúdame a encontrar el lado alegre y esperanzador de la existencia. Señor, en este nuevo día que me regalas, quiero confiar con firmeza, servir generosamente y aguardar pacientemente en mi fe. Tú eres mi guía, mi ilusión y también mi mejor amigo. Te amo de todo corazón. Amén.

La ley de Jehová es perfecta, que convierte el alma;
El testimonio de Jehová es fiel, que hace sabio al sencillo.

Salmos 19:7 (RVR1960).

TRES ORACIONES DIARIAS
PARA OBTENER SABIDURÍA

Dios, que toda palabra salga de mi boca con amor y no con enojo.

Padre, ayúdame para que toda persona que se cruce hoy por mi camino reciba la gracia que Jesucristo ha extendido sobre mi vida.

Señor, te pido por quienes me han hecho un mal. Bendícelos aún más de lo que me bendices a mí el día de hoy. Amén.

Mas yo andaré en mi integridad;
Redímeme, y ten misericordia de mí.
Mi pie ha estado en rectitud;
En las congregaciones bendeciré a Jehová.

Salmos 26:11-12 (RVR1960).

REFRESCARME EN TU PRESENCIA

Padre, gracias por el día de hoy. Gracias porque sentí tu presencia encaminándome todo el día. Ayúdame a descansar, contigo acompañándome. Te pido que me ayudes a soltar cualquier cosa que no deba estar cargando en mi vida. Te pido protección y sabiduría para lo que tú quieras hacer, mientras yo descanso. Háblame a través de tu Espíritu. Te pido que me ayudes a refrescarme en tu presencia. En el nombre de Jesús, amén.

Enséñanos a contar de tal modo nuestros días,
Que traigamos al corazón sabiduría.

Salmos 90:12 (RVR1960).

PROTECCIÓN

SALMOS 91

Este salmo es una poderosa declaración de la protección de Dios, quien es refugio para quienes confían en Él:

El que habita al abrigo del Altísimo
Morará bajo la sombra del Omnipotente.
Diré yo a Jehová: Esperanza mía, y castillo mío;
Mi Dios, en quien confiaré.
Él te librará del lazo del cazador,
De la peste destructora.
Con sus plumas te cubrirá,
Y debajo de sus alas estarás seguro;
Escudo y adarga es su verdad.
No temerás el terror nocturno,
Ni saeta que vuele de día,
Ni pestilencia que ande en oscuridad,
Ni mortandad que en medio del día destruya.

Caerán a tu lado mil,
Y diez mil a tu diestra;
Mas a ti no llegará.
Ciertamente con tus ojos mirarás
Y verás la recompensa de los impíos.

Porque has puesto a Jehová, que es mi esperanza,
Al Altísimo por tu habitación,
No te sobrevendrá mal,
Ni plaga tocará tu morada.

Pues a sus ángeles mandará acerca de ti,
Que te guarden en todos tus caminos.
En las manos te llevarán,
Para que tu pie no tropiece en piedra.
Sobre el león y el áspid pisarás;
Hollarás al cachorro del león y al dragón.
Por cuanto en mí ha puesto su amor, yo también lo libraré;
Le pondré en alto, por cuanto ha conocido mi nombre.
Me invocará, y yo le responderé;
Con él estaré yo en la angustia;
Lo libraré y le glorificaré.
Lo saciaré de larga vida,
Y le mostraré mi salvación.

MILAGROS, BENDICIONES
Y PROTECCIÓN DIVINA

Hoy, Padre, es un nuevo día y está lleno de posibilidades. Oro para que tú, Señor, en lo alto, realices milagros en mi vida. No me faltará nada y cualquier montaña puesta delante de mí será reducida. Al terminar el día cantaré alabanzas a tu santo nombre. Milagros, bendiciones y protección divina tendré en todos y cada uno de mis días. Te exalto, mi Padre, y te agradezco por la gracia que derramas en mí todos los días. Amén.

¡Cuán grande es tu bondad, que has guardado para los que te temen,
Que has mostrado a los que esperan en ti,
delante de los hijos de los hombres!

Salmos 31:19 (RVR1960).

PROVISIÓN, PROTECCIÓN Y PAZ

Padre, provéeme de trabajo y recursos financieros para cuidar de mi hogar.

Señor, tapa toda boca que hable cosas negativas de mí y de mi familia.

Mi Dios, rodéanos, hoy, con la paz de Jesucristo, que sobrepasa todo entendimiento.

Amén.

Él te librará del lazo del cazador,
De la peste destructora.
Con sus plumas te cubrirá,
Y debajo de sus alas estarás seguro;
Escudo y adarga es su verdad.

Salmos 91:3-4 (RVR1960).

EN CONTRA DE LA PERSECUCIÓN

Querido Dios, por favor, te pido que intervengas y detengas cualquier plan que se esté tramando para dañarme o lastimar a mis seres queridos. Amén.

Protégeme como a la niña de tus ojos;
escóndeme bajo la sombra de tus alas.

Salmos 17:8 (NVI).

Cuatro oraciones
PARA PROTEGER TU VIDA

Dios, calma mi mente, sana mi corazón y remueve toda preocupación de mi vida.

Padre, reemplaza mi tristeza con tu gozo.

Señor, protege mi mente de confusión y llénala de tu paz, que sobrepasa todo entendimiento.

Dios Padre, renueva mi fe y esperanza para que vea un futuro lleno de milagros y bendición.

Amén.

Escóndeme del consejo secreto de los malignos,
De la conspiración de los que hacen iniquidad.

Salmos 64:2 (RVR1960).

Tres oraciones para derrumbar todo ataque de Satanás

Señor, arranca de raíz todo plan de Satanás para dañarme o herir a mi familia.

Padre, que tu luz entre en mi vida y en mi hogar para deshacer toda obra de oscuridad.

Dios, ayúdame a tomar cautivo todo pensamiento que venga del maligno, y a traerlo hacia la obediencia de Cristo, para que la verdad reine sobre mi vida y viva en paz con mi familia.

Amén.

Oye, oh Jehová, mi voz con que a ti clamo;
Ten misericordia de mí, y respóndeme.
Mi corazón ha dicho de ti: Buscad mi rostro.
Tu rostro buscaré, oh Jehová;
No escondas tu rostro de mí.

No apartes con ira a tu siervo;
Mi ayuda has sido.
No me dejes ni me desampares, Dios de mi salvación.

Salmos 27:7-9 (RVR1960).

TAPA, SANA Y DESATA

Estas son tres oraciones que quiero que hagas sobre tu vida el día de hoy. Recuerda las palabras: "tapa, sana y desata".

Dios, tapa toda boca que hable de mí y que lance mentiras en mi contra.

Padre, sana las heridas del pasado que me están afectando, y también sana el corazón de aquel a quien yo haya herido.

Señor, desata el día de hoy el poder sobrenatural del Espíritu Santo en mí, para que yo pueda vivir con la sabiduría del cielo. Dame ese poder sobrenatural del Espíritu Santo para vencer lo que no he podido con mi fuerza humana. Amén.

Escudríñame, oh Jehová, y pruébame;
Examina mis íntimos pensamientos y mi corazón.

Salmos 26:2 (RVR1960).

PROTEGE MI VIDA

Padre, por favor, protege mi vida de las circunstancias que enfrento, de los problemas, de las presiones del trauma y de las dificultades. Necesito que protejas mi mente y me pongas un guardián. Ayúdame a vestir el casco de la salvación que cubra mi mente y la resguarde de los pensamientos que intenten contaminarme. Necesito que me protejas, no del pecado, sino de mí mismo. Te pido que este día me acompañes en mi trabajo, en las actividades con mi familia y en mis proyectos. Amén.

Bendito sea Jehová,
Que oyó la voz de mis ruegos.
Jehová es mi fortaleza y mi escudo;
En él confió mi corazón, y fui ayudado,
Por lo que se gozó mi corazón,
Y con mi cántico le alabaré.

Salmos 28: 6-7 (RVR1960).

MARAVILLOSO Y BUEN JESÚS

Te pido, amado y adorado Jesús, que anules cualquier plan contrario al buen día que has planeado para mí. Hazme invisible a los envidiosos, a los oportunistas, a los hipócritas. Bendito Jesús, hazme sordo a las palabras necias y convierte el corazón de quienes me hablan para que solo digan palabras de amor y consejos constructivos, que busquen el bien para mí y para todos. Amén.

Sean avergonzados, perezcan los adversarios de mi alma;
Sean cubiertos de vergüenza y de confusión los que mi mal buscan.

Salmos 71:13 (RVR1960).

NECESITO QUE ME PROTEJAS

Hoy escojo pensar en lo que tú quieres que yo piense. Sobre todo, necesito que me protejas del mal. Es urgente para mí. Necesito que me protejas de todas las cosas que me deforman y desvían, necesito que me ayudes a arreglar mi mente, mi cuerpo, mi corazón, mis relaciones, para que lo mejor venga a mi vida a partir de ahora.

Hoy, Padre, quiero pensar en cosas que vienen de tu voluntad, de tu presencia, que sean amorosas, puras, honestas y verdaderas. Ayúdame a llenar mi vida con los recuerdos positivos que me has dado y con tu palabra. Ayúdame a poner el peso de tu verdad en la balanza de mi mente.

Jehová, roca mía y castillo mío, y mi libertador;
Dios mío, fortaleza mía, en él confiaré;
Mi escudo, y la fuerza de mi salvación, mi alto refugio.

Salmos 18:2 (RVR1960).

TRES ORACIONES
PARA PROTEGER TU MENTE

Señor, líbrame de los pensamientos que me atormentan. Lléname de tu paz, tu presencia y tu luz.

Padre, te entrego mis heridas, luchas y cargas. Límpiame, por favor. Purifícame y bendíceme.

Mi Dios, ya no miraré el pasado. Miraré hacia mi futuro con Jesús, el autor y el consumador de mi fe, quien empezó y terminará la nueva obra en mí. Amén.

Líbrame, oh Jehová, del hombre malo;
Guárdame de hombres violentos.

Salmos 140:1 (RVR1960).

TRES ORACIONES
PARA PROTEGER TU VIDA

Dios, quema todo puente del pasado que pueda dañar mi presente.

Señor, líbrame de las cosas que están debilitando mi corazón.

Padre, protege mi vida de cualquier cosa que no venga de ti.

Amén.

Porque él me esconderá en su tabernáculo en el día del mal;
Me ocultará en lo reservado de su morada;
Sobre una roca me pondrá en alto.

Salmos 27:5 (RVR1960).

TRES ORACIONES
PARA GUARDAR TU CORAZÓN

Dios, aparta de mí personas que solamente buscan defraudar y lastimar mi corazón, y rodéame de personas que vengan a sanarlo y protegerlo.

Señor, aparta de mí a la gente chismosa, negativa, que siempre critica, y rodéame de personas que traigan palabras de vida, además de tu presencia.

Padre, aparta de mí a la gente engañosa, hipócrita y venenosa, y rodéame de gente sincera que anhele lo mejor para mi vida. Amén.

Aguarda a Jehová;
Esfuérzate, y aliéntese tu corazón;
Sí, espera a Jehová.

Salmos 27:14 (RVR1960).

TIEMPOS DE PREOCUPACIÓN Y DEPRESIÓN

SALMOS 46 (RVR1960)

Un salmo de confianza y seguridad en la protección y fortaleza de Dios, especialmente en tiempos de dificultad:

Dios es nuestro amparo y fortaleza,
Nuestro pronto auxilio en las tribulaciones.
Por tanto, no temeremos, aunque la tierra sea removida,
Y se traspasen los montes al corazón del mar;
Aunque bramen y se turben sus aguas,
Y tiemblen los montes a causa de su braveza. Selah

Del río sus corrientes alegran la ciudad de Dios,
El santuario de las moradas del Altísimo.
Dios está en medio de ella; no será conmovida.
Dios la ayudará al clarear la mañana.
Bramaron las naciones, titubearon los reinos;
Dio él su voz, se derritió la tierra.
Jehová de los ejércitos está con nosotros;
Nuestro refugio es el Dios de Jacob. Selah

Venid, ved las obras de Jehová,
Que ha puesto asolamientos en la tierra.
Que hace cesar las guerras hasta los fines de la tierra.
Que quiebra el arco, corta la lanza,
Y quema los carros en el fuego.
Estad quietos, y conoced que yo soy Dios;
Seré exaltado entre las naciones; enaltecido seré en la tierra.
Jehová de los ejércitos está con nosotros;
Nuestro refugio es el Dios de Jacob. Selah

Cuatro oraciones
PARA VIVIR CON PAZ

Dios, si algo no es para mí, remuévelo de mi vida.

Padre, si verdaderamente hay personas que no están a mi favor, ponlas en evidencia.

Señor, acaba con todo lo que no quieres que sea parte de mi vida.

Dios, protege el camino donde me has puesto, y dame la fortaleza para correr la carrera que me has asignado.

Amén.

Muéstrame, oh Jehová, tus caminos;
Enséñame tus sendas.

Salmos 25:4 (RVR 1960).

FORTALEZA

Padre que estás en los cielos, hoy vengo ante tu presencia omnipotente para pedirte que me concedas fortaleza. Dame la fuerza para superar todas las tareas de hoy, sean pequeñas o grandes. Es por tu santa voluntad que hoy vivo, y sé que por tu santa voluntad no me debilitaré el día de hoy, porque tú serás mi fortaleza. Gracias por tu presencia eterna, Señor, y porque me escuchas. En el nombre de Jesucristo, amén.

Jehová es mi fortaleza y mi escudo;
En él confió mi corazón, y fui ayudado,
Por lo que se gozó mi corazón,
Y con mi cántico le alabaré.

Salmos 28:7 (RVR1960).

Tú me levantas

Cuando siento temor, Señor, me levantas y me ayudas a ser más fuerte. Cuando no confío, tú me das fuerzas para seguir adelante. No temo porque sé que estás conmigo adonde voy. Gracias, Dios. Amén.

Aleluya.
Alabad a Jehová, porque él es bueno;
Porque para siempre es su misericordia.

Salmos 106:1 (RVR1960).

Oración para recibir la fortaleza de Dios

Amado Padre, no sé qué o quién se cruzará en mi camino hoy, pero sé que tú eres mi roca y mi fortaleza. Eres mi escudo y mi torre fuerte. Ayúdame a anclarme en ti. Enséñame cómo mantenerme fuerte en ti y elegir tu santo camino. Ayúdame a caminar por tu verdad y no por mis sentimientos. Gracias porque me amas y nada podrá quitarme eso. Incluso, si hoy fallo, susurras tu amor incondicional en lo más profundo de mi alma. Te amo porque tú me amaste primero. Amén.

Claman los justos, y Jehová oye,
Y los libra de todas sus angustias.

Salmos 34:17 (RVR1960).

PAZ

Padre, oro para que llenes mi mente de paz. Aleja todo temor y toda preocupación de mi vida. Oro para que el Espíritu Santo haga una profunda obra dentro de cada corazón que lo necesite.

En el nombre de Jesucristo, amén.

Considera al íntegro, y mira al justo;
Porque hay un final dichoso para el hombre de paz.

Salmos 37:37 (RVR 1960).

ANHELO CAMINAR BAJO TU PAZ

Padre, gracias por empoderarme con tu Espíritu Santo, que vive dentro de mí. Mi anhelo, Padre, es caminar bajo tu paz y en una fe transformativa que mueve mis montañas. Te pido que reprendas al enemigo que intente atacar a mi familia o a mí. Protégenos de todo dardo que el enemigo quiera lanzarnos.

Te pido que nos libres de todo espíritu maligno de ansiedad, depresión y oscuridad. Te pido que la luz de tu palabra y la luz de Jesucristo llenen mi corazón y los de quienes habitan en mi hogar en este momento. En el nombre de Cristo, te lo pedimos. Amén.

Encamíname en tu verdad, y enséñame,
Porque tú eres el Dios de mi salvación;
En ti he esperado todo el día.

Salmos 25:5 (RVR1960).

TÚ ERES MI REFUGIO

Amado padre, en ti consigo el refugio ante las dificultades que enfrento. Sé que me guiarás con tu luz y amor a encontrar la salida de cada laberinto. Amén.

Jehová de los ejércitos está con nosotros;
Nuestro refugio es el Dios de Jacob.

Salmos 46:7 (RVR1960).

CONFIANZA EN DIOS Y EN SUS PLANES

SALMOS 27 (RVR1960)

Un salmo de confianza y valentía, que declara que Dios es nuestra luz, salvación y fortaleza:

Jehová es mi luz y mi salvación; ¿de quién temeré?
Jehová es la fortaleza de mi vida; ¿de quién he de atemorizarme?

Cuando se juntaron contra mí los malignos, mis angustiadores y mis enemigos,
Para comer mis carnes, ellos tropezaron y cayeron.

Aunque un ejército acampe contra mí,
No temerá mi corazón;
Aunque contra mí se levante guerra,
Yo estaré confiado.

Una cosa he demandado a Jehová, esta buscaré;
Que esté yo en la casa de Jehová todos los días de mi vida,
Para contemplar la hermosura de Jehová, y para inquirir en su templo.

Porque él me esconderá en su tabernáculo en el día del mal;
Me ocultará en lo reservado de su morada;
Sobre una roca me pondrá en alto.

Luego levantará mi cabeza sobre mis enemigos que me rodean,
Y yo sacrificaré en su tabernáculo sacrificios de júbilo;
Cantaré y entonaré alabanzas a Jehová.

Oye, oh Jehová, mi voz con que a ti clamo;
Ten misericordia de mí, y respóndeme.
Mi corazón ha dicho de ti: Buscad mi rostro.
Tu rostro buscaré, oh Jehová;
No escondas tu rostro de mí.

No apartes con ira a tu siervo;
Mi ayuda has sido.
No me dejes ni me desampares, Dios de mi salvación.
Aunque mi padre y mi madre me dejaran,
Con todo, Jehová me recogerá.
Enséñame, oh Jehová, tu camino,
Y guíame por senda de rectitud
A causa de mis enemigos.
No me entregues a la voluntad de mis enemigos;
Porque se han levantado contra mí testigos falsos, y los que respiran
crueldad.

Hubiera yo desmayado, si no creyese que veré la bondad de Jehová
En la tierra de los vivientes.
Aguarda a Jehová;
Esfuérzate, y aliéntese tu corazón;
Sí, espera a Jehová.

Confío en tu palabra

Padre, en este día te entrego mi destino. Confío en que esta oración que nace desde lo más profundo de mi corazón será escuchada ante tu trono. Te pido que me tomes de la mano y guíes cada uno de mis pasos, para que me lleves por sendas de dicha, paz, plenitud y gran bendición. Amado Dios, hoy suelto mi pasado, disfruto mi presente y, aquí y ahora, agradezco todo lo que tengo, todo lo que soy, y todas las maravillosas bendiciones con las que has de colmar mi vida.

En el precioso nombre de nuestro Señor y Salvador Jesucristo, amén y amén.

En ti confiarán los que conocen tu nombre,
Por cuanto tú, oh Jehová, no desamparaste a los que te buscaron.

Salmos 9:10 (RVR1960).

Confío en ti

Mi amado y adorado Jesús, no sé, no veo lo que estás haciendo, pero confío en ti. Estoy convencido de que sabes lo que es mejor para mi vida. Te seguiré a través de todo lo que me toque enfrentar. Amén.

En el día que temo,
Yo en ti confío.

Salmos 56:3 (RVR 1960).

Estás en control

Querido Dios, tus caminos no son mis caminos. Yo solo tengo que esperar. Yo solo tengo que confiar. Yo solo tengo que creer. Tú siempre tienes todo bajo control. Amén.

Porque este Dios es Dios nuestro eternamente y para siempre;
Él nos guiará aun más allá de la muerte.

Salmos 48:14 (RVR1960).

Me encomiendo en tus manos

Te pido que todo pase de acuerdo con tu santa voluntad, que este día lo viva bendecido. Abre las ventanas del cielo. Por favor, no recuerdes mis pecados de ayer. Que en este nuevo día yo traiga todo a tu presencia en oración. Que mi alma, mi corazón y mi mente estén continuamente pensando en ti y contemple tu rostro sin cesar. Me encomiendo en tus manos, mi amado Jesús. Cuídame, protégeme y guíame hacia tu voluntad, tus propósitos y tu amor. Jesús, confío en ti, amén y amén.

Guarda silencio ante Jehová, y espera en él.
No te alteres con motivo del que prospera en su camino,
Por el hombre que hace maldades.

Salmos 37:7 (RVR 1960).

Entrego mi vida

Señor todopoderoso, te entrego mi día, mi vida y la vida de mi familia. Danos tu protección, tu visión, tu propósito y, sobre todo, llénanos de tu sabiduría para no perdernos en los caminos de los malignos. Te pido que, gracias a ti, hoy podamos llegar a donde debemos llegar.

Permítenos sentir tu presencia de una forma palpable. Abrázanos con tu amor. A cada momento, recuérdanos que somos tus hijos y que tus manos amorosas nos sostienen. Amén y amén.

Oh, Dios, sálvame por tu nombre,
Y con tu poder defiéndeme.
Oh Dios, oye mi oración;
Escucha las razones de mi boca.

Salmos 54:1-2 (RVR1960).

Padre, todo es parte de tu plan

En este momento, cierro los ojos y respiro hondo, amado Padre, sé que todo lo que está sucediendo es parte de tu plan. Solo te pido, mi Señor, que me des las herramientas, la sabiduría y la capacidad para salir adelante, en tu poderoso nombre. Aunque algún día las cosas no salgan como yo esperaba, nunca abandonaré mi fe en ti, pues confío en tu promesa de un nuevo amanecer lleno de esperanza.

Confío en que mi victoria puede estar más cerca de lo que imagino, y que debo seguir adelante con ilusión, pues las mejores cosas de la vida vienen cuando confiamos en ti. Se requiere esfuerzo y valentía, pero las recibimos de tu presencia. Padre, escucha mi humilde oración y respóndeme a tu tiempo perfecto. En el nombre de nuestro Señor Jesucristo, amén.

En cuanto a mí, a Dios clamaré;
Y Jehová me salvará.
Tarde y mañana y a mediodía oraré y clamaré,
Y él oirá mi voz.

Salmos 55:16-17 (RVR1960).

HOY CONFIARÉ

Padre, cuando me empiece a consumir por la preocupación, por favor, ayúdame a recordar que estás en control, y que me cuidas. Padre, hoy me rindo a ti, hoy no me preocuparé, hoy confiaré, porque sé que tú ya has salido delante de mí. Gracias por tu amor, por tu gracia, por tu cobertura y por tu protección. En el nombre de Jesús, amén.

El Señor es mi luz y mi salvación; ¿de quién temeré?
El Señor es la fortaleza de mi vida; ¿de quién he de atemorizarme?

Salmos 27:1 (RVR1960).

Ayúdame a confiar

Querido Dios, últimamente he estado muy preocupado por las cosas que están fuera de mi control. Ayúdame a confiar en que estás trabajando en cada pequeño detalle de mi vida y que no debo preocuparme. Gracias, Dios. Amén.

En Dios he confiado; no temeré;
¿Qué puede hacerme el hombre?

Salmos 56:11 (RVR1960).

PERDÓN Y LIBERACIÓN

Un corazón limpio

Amado Dios, gracias por todo lo que has hecho por mí y por mi familia. Por favor, perdona todos mis pecados. Crea en mí un corazón limpio y un espíritu recto. Renueva mi mente. Sáname de todas las heridas de mi pasado. Cúbreme a mí, a mi familia y a mis amigos con la sangre protectora de nuestro Señor Jesucristo. Te amo y te necesito. Amén.

Enséñame, oh Jehová, tu camino; caminaré yo en tu verdad;
Afirma mi corazón para que tema tu nombre.
Te alabaré, oh Jehová Dios mío, con todo mi corazón,
Y glorificaré tu nombre para siempre.

Salmos 86:11-12 (RVR1960).

Perdóname

Dios, perdóname por las veces que me he quejado de mis circunstancias. Por favor, perdóname por mi mala actitud cuando las cosas no salen a mi manera. Yo sé que tienes un hermoso plan para mi vida. Te doy gracias porque he disfrutado de tus innumerables lluvias de bendiciones. Amén.

Misericordioso y clemente es Jehová;
Lento para la ira, y grande en misericordia.

Salmos 103:8 (RVR1960).

TE PIDO PERDÓN

Padre eterno, con dolor reconozco cuántas veces durante el día me olvidé de ti; cuántas cosas no hice por amor a ti, sino por amor a mí, o a las personas que guardo en mi corazón. Te pido perdón por cada momento en el que te olvidé, perdón por cada acción que no fue inspirada por el deseo de agradarte. Perdón por cada pensamiento que permití que no naciera del amor santo, y que no me llevara a tu presencia. Perdón por cada palabra inútil.

Te entrego todos los triunfos y fracasos. Te entrego todo lo que ha pasado en mi corazón. Me sostengo en ti. Te entrego a todas las personas de mi familia y círculo cercano con quienes haya tenido confrontación, se hayan sentido ofendidas o despreciadas. Sana corazones, Padre. Amén.

No ha hecho con nosotros conforme a nuestras iniquidades,
Ni nos ha pagado conforme a nuestros pecados.
Porque como la altura de los cielos sobre la tierra,
Engrandeció su misericordia sobre los que le temen.

Salmos 103:10-11 (RVR1960).

ORACIÓN DE LIBERACIÓN

Padre, venimos el día de hoy, en el nombre de tu Hijo amado, Jesús, acercándonos a tu trono de gracia. Tu palabra nos dice que donde dos o tres están congregados en tu nombre, ahí estarás tú. También nos dice que, si hay resentimiento o amargura en el corazón, necesitamos primero arreglar eso contigo. Entonces, hoy te confesamos si hay algo en nuestro corazón que pueda ser estorbo para esta oración. Soltamos cualquier enojo, malos sentimientos, resentimientos o actitudes ante ti o cualquier persona en este momento.

Traemos a tus pies, perdonamos y soltamos a cualquier persona que nos haya hecho mal. Ahora, Padre, levantamos nuestro corazón y damos gracias por tu palabra, que sana y libera de cualquier destrucción. Jesucristo ya pagó el precio. Jesucristo es la palabra que se hizo carne y habitó entre nosotros. Cristo cargó con nuestras enfermedades y debilidades. A través de sus heridas somos sanados. En el nombre de Cristo, amén.

Mas Jehová me ha sido por refugio,
Y mi Dios por roca de mi confianza.
Y él hará volver sobre ellos su iniquidad,
Y los destruirá en su propia maldad;
Los destruirá Jehová nuestro Dios.

Salmos 94:22-23 (RVR1960).

PERDONAR Y PEDIR PERDÓN

Mi Señor, hoy te doy gracias por ser quien nunca abandona, quien siempre me está tomando de la mano. Te alabo por tu inmenso amor, tu espléndida bondad y tu sublime compañía. También, Padre, perdono desde lo más profundo de mi corazón a quienes me ofendieron, y te pido que perdones mis ofensas.

No quiero tener cuentas pendientes. Por eso entro a tu hermosa presencia para que, por favor, limpies y reconfortes mi alma, me llenes de tu paz y de alegría. Padre eterno, gracias porque me das vida, mantienes palpitando mi corazón, me das ojos para mirar y brazos para abrazar a mis seres queridos. En el nombre de nuestro Señor Jesucristo, amén.

Por amor de tu nombre, oh Jehová,
Perdonarás también mi pecado, que es grande.

Salmos 25:11 (RVR1960).

Perdón

Dios, perdóname, porque muchas veces escojo lo que está mal, incluso sabiéndolo. Ayúdame a quitar de mi vida todo eso que no te glorifica. Sé que tomará tiempo, pero estoy dispuesto a poner de mi parte para ser un poco más como tú. Amén.

Ten piedad de mí, oh Dios, conforme a tu misericordia;
Conforme a la multitud de tus piedades borra mis rebeliones.

Salmos 51:1 (RVR1960).

RINDO TODO ANTE TUS PIES

Padre, te quiero dar las gracias porque eres la bendición más grande de mi vida. Hoy te pido que perdones mis pecados. Mi vida es tuya. Rindo todo ante tus pies. Hazme blanco como la nieve. Refresca mi mente y mi alma. Sáname del dolor y del sufrimiento. Cúbreme con tu santa presencia el día de hoy. Cubre a mi familia y a mis amigos. Bendícenos con tu protección. Mi vida es tuya. Amén.

Señor, delante de ti están todos mis deseos,
Y mi suspiro no te es oculto.

Salmos 38:9 (RVR1960).

ACCIÓN
DE GRACIAS

SALMOS 100

Un salmo lleno de gozo que nos exhorta a presentarnos ante Dios con acción de gracias y alabanza:

Cantad alegres a Dios, habitantes de toda la tierra.
Servid a Jehová con alegría;
Venid ante su presencia con regocijo.

Reconoced que Jehová es Dios;
Él nos hizo, y no nosotros a nosotros mismos;
Pueblo suyo somos, y ovejas de su prado.

Entrad por sus puertas con acción de gracias,
Por sus atrios con alabanza;
Alabadle, bendecid su nombre.
Porque Jehová es bueno; para siempre es su misericordia,
Y su verdad por todas las generaciones.

GRACIAS POR TU AMOR

Mi Padre, gracias por amarme lo suficiente como para trabajar en mi vida. Hoy suelto toda cosa que no entiendo y la pongo en tus manos. Creo, con todo mi corazón, que estás trabajando a mi favor detrás de escena. Sé que toda buena cosa en mi futuro vendrá de ti. Hoy espero en tus brazos, sabiendo que las bendiciones más grandes vendrán de ponerte a ti primero. Bendice y cuida de mi hermosa familia. Amén.

Venid, aclamemos alegremente a Jehová;
Cantemos con júbilo a la roca de nuestra salvación.
Lleguemos ante su presencia con alabanza;
Aclamémosle con cánticos.

Salmos 95:1-2 (RVR1960).

ME ACERCO CON GRATITUD

Amado Dios, hoy me acerco a ti con gratitud y devoción para darte gracias por la dicha de vivir un día más. Gracias por tu amor y misericordia, por aclarar mis dudas cuando hay confusión, por darme fuerza en medio de la tristeza, y sabiduría en medio de la incertidumbre. Gracias por la voluntad que me das para vivir cada día, para alcanzar mis metas y más grandes anhelos.

Gracias, Señor, por tus infinitas bendiciones y porque siempre puedo sentir tu presencia en mi vida, amparándome, favoreciéndome, protegiéndome, librándome de todo mal y peligro. Bendito seas por siempre. Tú eres el capitán de mi vida. Gracias por dirigirme y por calmar los vientos cuando amenazan con hundirme. Tú eres mi motor, mi meta y mi lugar de paz. A ti confío cada día y cada noche. Por eso soy feliz.

Entraré al altar de Dios,
Al Dios de mi alegría y de mi gozo;
Y te alabaré con arpa, oh Dios, Dios mío.

Salmos 43:4 (RVR1960).

EL AMOR DE MI VIDA

Amado Dios, hoy no te pido mucho. Solo te quiero dar gracias por ser el amor de mi vida, por ser bueno conmigo, por regalarme vida, talentos y virtudes, por colmarme con las bendiciones del cielo, día tras día. Gracias por mi familia, mis seres queridos, mis amigos, mis compañeros de trabajo. Llévanos por sendas de justicia, junto a aguas de reposo, enséñanos tu poder y tu presencia. Llénanos de tu sabiduría, llénanos de tu amor por el prójimo. Amén.

Cantad a Jehová cántico nuevo,
Porque ha hecho maravillas;
Su diestra lo ha salvado, y su santo brazo.
Jehová ha hecho notoria su salvación;
A vista de las naciones ha descubierto su justicia.

Salmos 98:1-2 (RVR1960).

GRACIAS

Dios, gracias. Gracias por un nuevo amanecer, gracias por otro día de vida. Dios, sé que no soy mejor que alguna otra persona. Te pido, mi Dios, que hoy tu gracia sobreabunde en mi vida, mi hogar y mi familia. Amén.

Alabad a Jehová, porque él es bueno,
Porque para siempre es su misericordia.

Salmos 136:1 (RVR1960).

Te tengo a ti

Amado Dios, no lo tengo todo, pero te tengo a ti. Gracias por la salud, gracias por cuidar de mi familia, gracias por los buenos días. También te doy gracias por los días difíciles. Ahora pongo mi vida y la vida de mi familia en tus manos. En el nombre de Jesús, te lo pido, amén.

Jehová es mi pastor; nada me faltará.

Salmos 23:1 (RVR1960).

GUÍANOS, SEÑOR

Padre, venimos ante ti dándote las gracias porque somos bienaventurados al tener tu ley que nos guía. Sometemos nuestra voluntad y cada decisión a ti. Pedimos que nos guíes por sendas de justicia, que no hagamos nada que no sea de acuerdo con tu voluntad. Gracias por la provisión que ya nos has dado el día de hoy. Protégenos del maligno, en el nombre de nuestro Señor y Salvador Jesucristo, amén.

Bienaventurado el varón que no anduvo en consejo de malos,
Ni estuvo en camino de pecadores,
Ni en silla de escarnecedores se ha sentado;
Sino que en la ley de Jehová está su delicia,
Y en su ley medita de día y de noche.
Será como árbol plantado junto a corrientes de aguas,
Que da su fruto en su tiempo,
Y su hoja no cae;
Y todo lo que hace, prosperará.

Salmos 1:1-3 (RVR 1960).

GRACIAS, PADRE

Gracias, Dios, porque no tenemos que ganarnos ni una gota del poderoso río de gracia que fluye libremente para nosotros. Gracias por el favor inesperado e inmerecido que has derramado sobre nuestra vida. Ayúdanos a posicionarnos en el camino de tu gracia y amor. Ayúdanos a no descuidar las disciplinas que necesitamos para reunirnos contigo regularmente y beber del agua de la vida, que solamente tú puedes dar. Gracias porque tu amor es más que suficiente. Amén.

Bendito sea Jehová, mi roca,
Quien adiestra mis manos para la batalla,
Y mis dedos para la guerra;
Misericordia mía y mi castillo,
Fortaleza mía y mi libertador,
Escudo mío, en quien he confiado;
El que sujeta a mi pueblo debajo de mí.

Salmos 144:1-2 (RVR1960).

OCASIONES
ESPECIALES

POR EL FUTURO, UN NUEVO AÑO ESPIRITUAL

Mi Dios, te pido que este año sea el mejor año espiritual de mi vida. Mi anhelo es acercarme a ti y seguir tus pasos cada día. Anhelo conocerte de una manera fresca. Oro para que te pueda sacar de la caja en la cual la religión te ha puesto; que cada área de mi vida crezca; que tu presencia sea más real que nunca. Ábreme puertas, Señor. Elimina toda distracción de mi vida y dame claridad para avanzar por el camino que has escogido para mí. En el nombre de Jesucristo, te lo pido. Amén y amén.

Entonces nuestra boca se llenará de risa,
Y nuestra lengua de alabanza;
Entonces dirán entre las naciones:
Grandes cosas ha hecho Jehová con estos.
Grandes cosas ha hecho Jehová con nosotros;
Estaremos alegres.

Salmos 126:2-3 (RVR1960).

ORACIÓN DE FIN DE AÑO

Amado Padre, la última noche ha llegado. Gracias por la vida, gracias por mi hogar y gracias por mi familia. Gracias por las metas cumplidas y por las buenas experiencias. Gracias por esos momentos difíciles y las pruebas que tuve que afrontar. Gracias también por el tiempo que compartí con aquellas que se fueron. Desde ahora, te entrego mis planes. Dame, por favor, el coraje y la inteligencia para convertir en realidad los sueños que me has dado. En el nombre de nuestro Señor Jesucristo, amén.

Los que sembraron con lágrimas, con regocijo segarán.
Irá andando y llorando el que lleva la preciosa semilla;
Mas volverá a venir con regocijo, trayendo sus gavillas.

Salmos 126:5-6 (RVR1960).

Para comenzar un buen año

Padre, si algo ya no es de provecho y me hará daño este año, dame la fortaleza para removerlo de mi vida.

Dios, aunque algo se vea perfecto para mí, si no sirve para tus propósitos, elimínalo de mi vida.

Señor, remueve de mi vida la presencia de quienes no quieren lo mejor para mí en este nuevo año. Amén.

Él es el que en nuestro abatimiento se acordó de nosotros,
Porque para siempre es su misericordia;
Y nos rescató de nuestros enemigos,
Porque para siempre es su misericordia.

Salmos 136:23-24 (RVR1960).

AÑO DE ABUNDANCIA

Amado Padre, al iniciar este nuevo año quiero poner mi vida a tus pies. Padre, contigo será un año de abundancia, de bendición, porque tú abres las puertas de los cielos para tus hijos. Mi Dios, te agradezco por este año que pasó porque estuviste conmigo en los momentos gratos, y también me sostuviste durante los momentos difíciles. Te agradezco por toda tu generosidad. Siempre estaré agradecido por todo lo que has hecho y harás en mi vida.

En el poderoso nombre de nuestro Señor y Salvador Jesucristo, amén y amén.

Bienaventurado todo aquel que teme a Jehová,
Que anda en sus caminos.
Cuando comieres el trabajo de tus manos,
Bienaventurado serás, y te irá bien.

Salmos 128:1-2 (RVR1960).

Para el resto del año

Amado Dios, oro para que los meses que quedan del año estén llenos de restauración, salud, nuevas puertas abiertas, más oportunidades, avance asombroso y lluvia de bendiciones. Amén.

Alzaré mis ojos a los montes; ¿de dónde vendrá mi socorro?
Mi socorro viene de Jehová, que hizo los cielos y la tierra.

Salmos 121:1-2 (RVR1960).

Para el fin e inicio del mes

Padre, gracias por los días de salud y los días de enfermedad en los que me cuidaste. Gracias por las manos sanadoras y el amigo cercano. Gracias por la sonrisa amable y el abrazo de un amigo. Gracias por todo tu amor. Gracias por cuidar de mi familia. Entrego este nuevo mes en tus manos para vivir bajo tu protección y paz. Confío en ti, Padre. Obra milagros en este mes.

En el nombre de Jesús, amén.

Danos socorro contra el adversario,
Porque vana es la ayuda del hombre.
En Dios haremos proezas,
Y él hollará a nuestros enemigos.

Salmos 108:12-13 (RVR1960).

Un nuevo mes

Padre, gracias por un nuevo mes de vida. Te pido que me guíes tiernamente, que me tomes de la mano durante todo este mes. Te pido que abras puertas de oportunidad y bendición para mí y para mi familia. Te pido que seas quien nos proteja de toda acechanza del maligno, de todo enemigo que gusta hacernos daño. Padre, pido que tu protección, que tu paz, reinen sobre mí y mi hogar. Bendíceme y te prometo que seré bendición para todas las personas que pongas en mi camino.

Ordena mis pasos con tu palabra,
Y ninguna iniquidad se enseñoree de mí.

Salmos 119:133 (RVR1960).

INTERCESIÓN

POR LOS ENFERMOS

Señor Jesús, te pido por las personas que padecen enfermedades y dolor, a quienes los atormenta la angustia y la falta de paz. Te pido que los cubras con misericordia y tranquilidad. Sana su cuerpo. Que hallen en ti tranquilidad para su alma y para su vida.

En el nombre de nuestro Señor Jesucristo, amén.

Jehová, Dios mío,
A ti clamé, y me sanaste.

Salmos 30:2 (RVR 1960).

POR LAS MENTES AGOBIADAS

Padre, hay personas que ahora necesitan conexión contigo. Te pido que sientan tu presencia, tu amor, tu abrazo, tu cuidado. Te pido por la persona que, ahorita, está agobiada. Te pido que en este momento la abraces con la paz del cielo. Te pido que silencies todo el ruido en su mente. Apaga toda voz que no venga de tu presencia y del cielo. Te pido que le des dirección en medio de su caos. Susúrrales tu amor, tu ternura. Dile que todo estará bien porque tomas su mano. Señor, ábrele la puerta divina que solamente tú puedes abrir. Amén.

Acuérdate de mí, oh Jehová, según tu benevolencia para con tu
pueblo;
Visítame con tu salvación,
Para que yo vea el bien de tus escogidos,
Para que me goce en la alegría de tu nación,
Y me gloríe con tu heredad.

Salmos 106:4-5 (RVR1960).

Por los afligidos

¡Hola! Permíteme orar por ti el día de hoy:

"Amado Dios, cuando la mente de esta persona se empiece a consumir con preocupación, ayúdale a recordar que tú tienes el control. Te pido que te entregue su afán, su corazón quebrantado, sus lágrimas, para que mires desde el cielo y derrames tu gracia, tu protección. Llena, en este momento, su corazón con tu paz que sobrepasa todo entendimiento. Sé el buen Padre que tanto necesita. Dale el milagro que necesita, abre la puerta que no puede abrir. En el nombre de Jesús, amén".

Ayúdame, Jehová Dios mío;
Sálvame conforme a tu misericordia.
Y entiendan que esta es tu mano;
Que tú, Jehová, has hecho esto.

Salmos 109:26-27 (RVR1960).

UN MILAGRO
PARA LAS PERSONAS QUEBRANTADAS

Padre, en el nombre de Jesús, rindo a ti cada persona con un corazón quebrantado, cada persona que está pasando por un valle de dolor. Te pido por la madre soltera, por aquella persona que está sufriendo en su relación, por la persona que no tiene respuesta a sus dudas. Tu palabra dice que estás cerca del corazón quebrantado. Te pido que, en este mismo día, la persona que está pasando por ese valle de oscuridad, sienta tu presencia, sienta tu amor. Te pido que este sea el día de su milagro. Te prometemos que en cada milagro te daremos toda la honra y la gloria. Amén.

Mas yo en tu misericordia he confiado;
Mi corazón se alegrará en tu salvación.
Cantaré a Jehová,
Porque me ha hecho bien.

Salmos 13:5-6 (RVR1960).

Sanas finanzas para los fieles

Padre, ponemos la economía de tus hijos en tus manos. Provee un empleo sobrenatural para solventar las necesidades de las familias. Abre las ventanas y las puertas del cielo de bendición sobre ellos, su hogar y sus familiares. Oro porque tus fieles comprendamos que somos tus mayordomos y siervos, así que ponemos nuestra vida y bienes en tus manos para que lo multipliques. Lo oramos en el nombre de Jesús, amén.

Los leoncillos necesitan, y tienen hambre;
Pero los que buscan a Jehová no tendrán falta de ningún bien.

Salmos 34:10 (RVR1960).

Por los hermanos en la fe

Padre, en el nombre de Jesús, te pido por cada persona que leerá este libro. Padre, no es un error o una casualidad que esta persona esté leyendo el libro. Padre, toca su vida de una manera milagrosa. No sé qué esté enfrentando. No sé cuál sea su problema relacional, matrimonial, financiero, de salud o con sus hijos, pero sé que tú tienes la solución.

Te pido, Jesús, que hoy le bendigas con un milagro. Te pido que el día de hoy desates el milagro que necesita. Dale libertad de toda esclavitud, de toda cadena en su vida. Te pido que hoy libres su batalla por esta persona y que tú seas su victoria. En ti confiamos. Tú serás la solución. En el nombre de Jesús, amén.

El deseo de los humildes oíste, oh Jehová;
Tú dispones su corazón, y haces atento tu oído.

Salmos 10:17 (RVR1960).

Un nuevo capítulo

Padre, en el nombre de Jesús, te pido que el próximo capítulo de la vida de la persona que está leyendo este libro le traiga gozo, felicidad y bendiciones inesperadas. Padre, que ese próximo capítulo traiga gozo también a cada persona a su alrededor. Padre, sé tú quien va por delante, abriendo ese nuevo capítulo de bendición, sanación y transformación. Amén.

Bienaventurado el hombre que teme a Jehová,
Y en sus mandamientos se deleita en gran manera.
Su descendencia será poderosa en la tierra;
La generación de los rectos será bendita.

Salmos 112:1-2 (RVR1960).

INTERCESIÓN POR LOS MATRIMONIOS

Padre, te pido por cada matrimonio que leerá esta oración. Oro para que los llenes de esperanza. Señor, aleja al maligno, sana toda adicción, llena de paz su hogar, interviene para superar toda amargura, resentimiento y pelea. Oro para que tu Espíritu Santo los guíe en amor, y pongan a un lado su debilidad humana. Te lo pido en el nombre de Jesús, amén.

Aumentará Jehová bendición sobre vosotros;
Sobre vosotros y sobre vuestros hijos.
Benditos vosotros de Jehová,
Que hizo los cielos y la tierra.

Salmos 115:14-15 (RVR1960).

Por los que están tristes

Amado Padre, hoy vengo delante de ti por aquellos que enfrentan tristeza o necesidad. Tú nos enseñas a vivir con fe y esperanza, pues son las únicas herramientas que tenemos para no decaer. Señor, sana el alma de cada persona que lea estas páginas. Trae a su vida alegría y esperanza a su corazón. Concédeles tu gracia, llénalos de tu compasión y fuerza, pues confían en ti. Amén.

El SEÑOR está cerca de todos los que lo invocan,
sí, de todos los que lo invocan de verdad.
Él concede los deseos de los que le temen;
oye sus gritos de auxilio y los rescata.

Salmos 145:18-19 (NTV).

Un futuro de bien

Padre, te pido por el futuro de la persona que ahora tiene este libro en sus manos. Intercedo para que los errores del pasado no la alejen del futuro que tienes para su vida. Saca las mentiras de Satanás de su corazón y llénalo con tu palabra y tu paz, que sobrepasan todo entendimiento. Declaro que suelta toda la amargura, el rencor, la culpa, y que reciba las bendiciones y la guía que tú tienes para darle. Lo creo en el nombre de Jesús. Amén.

Clemente es Jehová, y justo;
sí, misericordioso es nuestro Dios.
Jehová guarda a los sencillos;
Estaba yo postrado, y me salvó.

Salmos 116:5-6 (RVR1960).

POR UN HOGAR EN PROBLEMAS

Padre, hoy intercedo por cada hogar. Te pido que des dirección clara donde hay confusión. Llénalos con sabiduría para tomar las mejores decisiones que bendigan su futuro. Te pido que anules toda obra de Satanás en contra de su hogar, sus hijos y su matrimonio, y que el Espíritu Santo sea su guía de hoy en adelante. En el nombre de Jesús, amén.

¡Oh Jehová, Dios de los ejércitos, restáuranos!
Haz resplandecer tu rostro, y seremos salvos.

Salmos 80:19 (RVR1960).

Nuevas fuerzas para los cansados

Padre, oro por la persona que está cansada, frustrada, que está tratando de hacer todo por arreglar su situación. Tal vez está confiando en su propia sabiduría o en su poder que es limitado. Oro para que abras las ventanas del cielo sobre su situación y que se abran en tu tiempo perfecto y en tu voluntad perfecta. Te pido que les des tu paz y sabiduría. Te pido que la libres de la ansiedad y depresión. Te pido por la persona con el corazón quebrantado. Libera hoy de toda carga, Señor. Te pido que ahora sienta tu presencia y libertad a través de la sangre de Cristo Jesús. Amén.

Vuelve, oh alma mía, a tu reposo,
Porque Jehová te ha hecho bien.

Salmos 116:7 (RVR1960).

QUE TU MANO ABRA CAMINO

Padre, en el nombre de Jesús, te pido que tu mano abra camino donde no hay. Te pido que tu mano nos saque del lugar peligroso donde nos encontramos en este momento. Mi Padre, te pido que tu mano entre a lo más profundo de nuestra alma y sanes todo lo que no hemos podido sanar. Amén.

Desde la angustia invoqué a JAH,
Y me respondió JAH, poniéndome en lugar espacioso.

Salmos 118:5 (RVR1960).

ALGO NUEVO A TU FAVOR

Querido lector, oro por ti el día de hoy. Oro para que Dios haga algo nuevo a tu favor, en el nombre de Jesús. Intercedo para que lo viejo desaparezca y que una nueva puerta de bendición y de oportunidad se abra para ti. Que Dios prepare un nuevo camino milagroso y hermoso para tu futuro, que la luz y el rostro de Dios brillen sobre tu vida y todo lo que tocas. Pido que la gloria de Dios se refleje en tu vida, que donde camines, seas bendición. Que bendigas todo lo que toques y a quien toques. Pido que el Espíritu Santo sea tu guía. Declaro que hoy es el día de sanidad para todas tus heridas. Si lo crees, en el nombre de Jesús, di: Amén.

Bienaventurados los perfectos de camino,
Los que andan en la ley de Jehová.
Bienaventurados los que guardan sus testimonios,
Y con todo el corazón le buscan;
Pues no hacen iniquidad los que andan en sus caminos.

Salmos 119:1-3 (RVR 1960).

ORACIONES
BREVES

TU VOLUNTAD

Dios, desde ya te agradezco y te alabo aún antes de que suceda lo que has planeado para mi circunstancia. Que se haga tu voluntad. Amén.

LO QUE DIOS QUIERA

Lo que Dios quiera, cuando Dios quiera y como Dios lo quiera. Padre, tú sabes lo que es mejor para mi vida. Amén.

HAZ TU VOLUNTAD Y NO LA MÍA

Padre, dejo mis planes en tus manos para que todo salga según tu voluntad y no la mía.
Si amas a Dios, di: Amén.

ORACIÓN DEL DÍA

Amado Padre, es en ti donde consigo el refugio ante las dificultades que me toca vivir. Sé que me ayudarás a encontrar la salida de cada laberinto y me guiarás en tu luz y en tu amor. Amén.

DAME CLARIDAD

*Dios, este día rindo a ti mis problemas, miedos, preocupaciones
y dudas. Dame la gracia de tu poder. Guíame, dame visión y
claridad. Amén.*

GRACIAS POR TU AMOR

*Gracias, Dios, por amarme, por perdonarme, y por nunca
abandonarme.*
Si amas a Dios, di: Amén.